时代楷模

学生读本

死神密码破译者

王逸平的故事

海飞 主编　　安亦然 著

海豚出版社
DOLPHIN BOOKS
CICG　中国国际传播集团

图书在版编目（ＣＩＰ）数据

死神密码破译者：王逸平的故事 / 安亦然著. ――
北京：海豚出版社：新世界出版社，2020.12（2024.7重印）
（时代楷模学生读本）
ISBN 978-7-5110-5062-5

Ⅰ.①死… Ⅱ.①安… Ⅲ.①王逸平（1963-2018）
–先进事迹–青少年读物 Ⅳ.①K826.2-49

中国版本图书馆CIP数据核字（2020）第006678号

死神密码破译者——王逸平的故事

海 飞 主编　　安亦然 著

出 版 人：王 磊

责任编辑：慕君黎 郭 澍
封面插画：星际互娱 / 舟 舟
内文插画：星际互娱 / 金寒冰
美术编辑：吴光前 李 利
责任印制：于浩杰 蔡 丽
法律顾问：殷斌律师

出　　版：海豚出版社
地　　址：北京市西城区百万庄大街24号　　邮　　编：100037
电　　话：010-68325006（销售）　 010-68996147（总编室）
传　　真：010-68996147
印　　刷：涿州市荣升新创印刷有限公司
经　　销：全国新华书店及各大网络书店
开　　本：32 开（889毫米×1194毫米）
印　　张：4
字　　数：53千
版　　次：2020年12月第1版　2024年7月第6次印刷
标准书号：ISBN 978-7-5110-5062-5
定　　价：19.80 元

版权所有　　侵权必究

英雄照亮时代 楷模就在身边

每个时代都有每个时代的英雄。

在炮火纷飞的战争年代，一批又一批的英雄为了中华民族的崛起而抛头颅、洒热血，他们的身上体现了中华民族优良的民族精神和崇高的民族气节。赵一曼、刘胡兰、董存瑞、黄继光、邱少云……这一个个闪光的名字和他们的英勇事迹家喻户晓，值得我们永远铭记。

如今，在我们身边，依然有无数的英雄，他们就是在各自的岗位上无私奉献的"时代楷模"。

"时代楷模"是由中宣部集中组织宣传的全国重大先进典型，他们的情操高尚伟岸，事迹厚重感人，影响广泛深远，充分体现了新时代"爱国、敬业、诚信、友善"的价值准则与中华传统美德。他们就像天上的星星，照亮天空，照亮我们这个时代。

同时，他们也是普通人，在平凡的岗位上默默坚守，做出了伟大贡献。

为了更好地向中小学生讲述"时代楷模"的感人事迹，激发学生的民族自信心和自豪感，海豚出版社特此出版《"时代楷模"学生读本》系列丛书。丛书每册选取一位"时代楷模"（或"时代楷模"集体），并邀请国内知名儿童文学作家对其事迹进行文学加工，精心设计故事情节，生动刻画人物形象，以提高中小学生读者的阅读体验。

人生如扣扣子，第一个扣子扣错了，后边的扣子就会跟着错。万事开头难，难就难在要选择好正确的第一步——你想扣怎样的人生扣子，你想实现怎样的人生价值。只有第一步选对了，只有第一个扣子扣对了，你才能走好自己的人生路。

我们希望通过这套丛书，让中小学生走近这些当代英雄，了解他们的先进事迹，树立正确的价值观和远大的人生志向，"扣好人生第一粒扣子"。

海豚出版社

2019 年 12 月

目　录

序章

如果不去详细了解王逸平的一生，只看新闻网络上的相片，他只是一个相貌普通、面庞瘦削的人，根本看不出他有什么与众不同的地方……但是，在我国医药制剂这个研发队伍里，王逸平，这个看上去普通而又平凡的人，却是一个神一般的存在。这是一个身患绝症，直面死神、与死神对抗了25年的人。他耗尽生命，破译了死神的密码，为2000多万心脏病患者带来生的希望。

王逸平，中国科学院上海药物研究所研究员。1988年毕业于上海第二医科大学，药理学专业硕士研究生。硕士毕业后，进入中科院上海药物研究所工作。在从事心血管药理研究工作的同时，他还攻读了博士学位，2001年药理学专业博士研究生毕业。

刚刚 30 岁的时候，王逸平患上不治之症克罗恩病。这是一种原因不明的肠道炎症性疾病，患者会出现腹痛、腹泻、发热等症状，严重时会贫血、大量便血，甚至昏迷，反复发作，无法根治。然而，就是这个患了绝症的人，从 30 岁到 55 岁，在长达 25 年的时间里，以抱病之躯，与病魔"鏖战"，先后承担起国家科技重大专项、科技部专项、863 项目、国家自然科学基金委项目、中科院重大专项等多项研究任务，并与同事合作，共同研发出了治疗冠心病的丹参多酚酸盐粉针剂，为世界上 2000 多万人带来生的希望。

在中科院上海药物所新药研发的国家队伍中，王逸平作为课题组长、博士生导师、中国共产党员，把自己的一生毫无保留地奉献给了关乎人民健康的新药研发事业。如今，他和合作者宣利江研究员率领团队研发的现代中药丹参多酚酸盐粉针剂已在全国 5000 多家医院投入临床应用，使无数患者受益。

在医药研发史上，一个人，一生中能完成一

种新药的研发，便可造福百姓、名垂青史。

而30岁就身患绝症的王逸平，在病魔缠身的25年间，仍然率领着团队，为全国药物研发企业完成了50多个新药项目的临床前药效学评价。

王逸平的一生，都在与死神搏斗。他用自己的生命，在有限的时间里，破译了死神的密码，书写了一位医药研究者的悲壮传奇。

那是一场长达25年的生与死的战斗。

新药研发，是一个伟大而又特殊的事业。

进入21世纪，中科院上海药物所开始了从"出论文"向"出新药"转变。王逸平主动请缨，前往国家新药评审中心学习。此后，他带回的第一批宝贵经验，在药物所整个科研流程的再造过程中，起到了重要作用。

这些年来，从"丹参多酚酸盐粉针剂""盐酸安妥沙星"的研发成功，到近30种新药进入临床试验，上海药物所诞生了一个又一个原创新药，成为上海张江"药谷"的创新高地。王逸平，就是上海药物所改革开放、锐意进取、不断创新、无私奉献的典型代表。

曾有无数身患绝症的病人躺在病床上，在绝望中请求医生："医生，救救我吧！"

　　可是，面对无药可医的患者，医生也无能为力。

　　有了能治病的药，医生才能对症施药，治病救人；没有药，医生也束手无策。可见，药物有多么重要。毋庸置疑，研发出新药的药物学家，无异于再世的华佗。

01

很久很久以前

　　只有经过上万次的实验、上万次的排列组合、上万种化学成分提取比对、上万次动物试验观察，一次次推倒重来，一次次另辟蹊径，一次次失败的打击，那些天才的灵感、奇妙的设想、诡异密码的组合，才能真正从死神笼罩的黑暗里穿透出万丈光芒，到那时，奇迹也才会出现。

　　没有药物研究学家，人类的命运始终被死神扼住喉咙，死神用一种又一种疾病控制着人类的命运。有了这些可以称之为"药神"的科学家，人类开始打破死神的一道道枷锁，从死神的魔掌中逃出，战胜病魔，延长生命，走向光明和美好岁月。

这些药物科研工作者，就是死神密码破译者，是在人类与病毒的战场上与死神交锋的斗士。在看不见硝烟的战场上，他们经年累月地奋战着，破译着生命的基因密码，扫除病毒，给人类带来新生和希望。

1. 神农的传说

小时候听老人们讲故事，每个故事的开头，都是从很久很久以前讲起。今天，我们也要从很久很久以前讲起。

远古时期，也就是在很久很久以前，整个世界还是一片蛮荒之地。人类只会使用简单的工具，还不会用火。为了生存，他们只能茹毛饮血，经常有人中毒得病死亡，所以，那个时期的人类，寿命普遍都很短。

那时候人类寿命很短的主要原因是没有什么能够治病的药物。生病了，根本没有药可以救治，只能等死，或祈求上苍。

传说后来出现了一位叫神农氏的智者。为了

救人性命，神农氏"宣药疗疾"，跋山涉水，行遍三湘大地，尝遍天下百草，了解各种草药的平毒寒温等药性。为了寻找治病解毒的良药，他几乎嚼尝过所有的植物，传说他一天曾遇到过 70 种剧毒，却神奇地化解了这些剧毒。

在遍尝百草的过程中，他发现了具有攻毒祛病、养生保健作用的中草药，并记下这些草药的药性，用来治疗百姓的疾病。华夏大地上的医药事业便从此诞生了。

关于神农尝百草、辨药性的传说，古籍史书里都有记载。例如，西汉的《史记》实录："神农氏以赭鞭鞭草木，始尝百草。"

《淮南子》也有记载："神农尝百草之滋味，水泉之甘苦。"

晋代干宝的《搜神记》里说："神农以赭鞭鞭百草，尽知其平、毒、寒、温之性，臭味所主……"

因神农氏识别了百草之药用，所以，后人尊称他为"药神"。后来，神农氏还是因误尝断肠草而死，葬于长沙茶乡之尾。

说起断肠草，喜欢金庸先生小说《神雕侠侣》

的人应该不陌生。小说中杨过和小龙女中了情花之毒，除了特制的丹药，只有断肠草能解情花之毒。

情花，是金庸先生虚构的一种植物，而断肠草却是真实存在的。不过，这断肠草可是剧毒之物，不仅解不了毒，更会要了人的命。

李时珍在《本草纲目》中也有记载，断肠草是一种含有剧毒的植物。现代医学研究表明，断肠草是一年生的草本植物葫蔓藤，它的主要毒性成分为生物碱和神经毒素。这种剧毒的葫蔓藤形状也并非电视剧里拍的那种小草。我们看电视剧之余，一定要对里面的科学知识探索求证，区分虚构与现实。

再说回神农。经过长期嚼尝百草，神农发明了药草疗疾，悟出了草木味苦的凉、辣的热、甜的补、酸的开胃。于是，他教百姓们食用不同的草药来治疗不同的疾病，百姓因病死亡的人也变少了。这就是以草为药的起始。

后来，神农为"宣药疗疾"，将这些药草的药用价值记录下来，使这些能治病的草药方子留传于后世。相传这就是我们人类医学的发端！神农氏不顾性命，舍身亲验百草的药性，这就是中药研究学的重要起源。

这一过程经历了漫长的历史时期和无数次的反复实践。在这个过程中，许多药物知识被刻在龟甲木石上记载下来。

随着岁月的推移，我们人类积累的药物知识越来越丰富，并不断得到后人的验证，最终在汉代以书籍的形式固定下来，这就是炎黄子孙以神农氏为起始，经几千年积淀而成的《神农本草经》。

《神农本草经》是中国最早的中草药学经典之作，后世本草著作莫不以此为宗。它对中医药的发展一直有着积极的影响，并逐步发展丰富，形成了如今世界闻名的中医药宝库。

根据《神农本草经》的记载："药有酸、咸、甘、苦、辛五味，又有寒、热、温、凉四气，及有毒、无毒……"

世上所有味道，皆用口来品尝。而此五味，亦是人类舌尖上的味道。

由此，中草药便有了一味药之说。

2. 岐黄之术的由来

说起看病的中医之术，又称"岐黄之术"，也称"岐黄医术"，"黄"指的是轩辕黄帝，"岐"则是他的臣子岐伯。

传说，黄帝经常与岐伯、雷公等大臣坐而论道，探讨医学养生，对疾病的病因、诊断以及治疗等原理设问作答。后来，他们的讨论被记载而成《黄帝内经》。在这部医学著作中，后人出于对黄帝、岐伯的尊崇，用岐黄之术指代中医医术。历史上也认定《黄帝内经》是我国中医药学理论的渊源，是最有权威的中医典籍。直至今天，从事中医药研究工作的人，仍喜欢引用《黄帝内经》里的论述。

秦国统治六国之时，追求长生不老的秦始皇宠信方士（此时的方士包括悬壶济世的医生）。在他为了统一六国文字，大搞焚书坑儒之祸时，"天下敢有藏《诗》《书》、百家语者，悉诣守、尉杂烧之……所不去者，医药卜筮种树之书"。天下所有的书都不放过，只有医药、占卜和种树的书不在焚烧之列。

华夏民族的传统古医学在这场浩劫中幸免于难，中医学才得以持续发展至今天，成为我国当今闻名世界的国粹，成为我们中华民族传承了几千年的文化遗产。

扁鹊周游列国受到各国君主的礼遇，东汉名医华佗却有不同的际遇。在华佗医术绝伦、名满天下时，个性倔强的他因不愿做曹操的侍医，得罪了这位多疑的当政者，被曹操杀死。曹操的一时暴行，导致盛年的华佗医术竟无一字流传于世，千古外科名方——"麻沸散"也自此失传，令后世医者深为惋惜。

东汉的另一名医张仲景、唐代医学家孙思邈、明代最著名的医药学家李时珍也对中医的发展作出了不朽的贡献。

中医药是中国灿烂文化的重要组成部分，给我们留下了不朽的文化遗产，同时，中医药在国际上也有着越来越重大的影响，深受世界人民的热爱和欢迎。

3. 呦呦鹿鸣，一首千年的史诗

让我们把目光从很久以前拉回到 2015 年。2015 年 12 月，一位伟大的中国女性站在了瑞典的诺贝尔奖的领奖台上——中国中医科学院屠呦呦代表中国医学科学家们领取了中国第一个诺贝尔生理学或医学奖，这是世界上影响力最大的自然科学奖项。

"呦呦鹿鸣，食野之蒿。我有嘉宾，德音孔昭。"这是一句出自《诗经·小雅》的古诗，美丽的古诗句竟然契合了一个如此美妙的奇迹。青蒿的独特药草香，不仅滋养着精灵一般的小鹿，传承着中华民族"有朋自远方来，不亦乐乎"的礼客之道，还给了屠呦呦一个与众不同的名字，并让她从这美丽的古诗词和古老的中医药文献中得到了青蒿素的灵感，先驱性地发现了青蒿素，开创了疟疾治疗新方法。

如今，青蒿素已成为世界疟疾治疗的首选药物，成功降低了疟疾患者的死亡率，在全球特别是发展中国家，已挽救了无数人的生命。

　　青蒿素的诞生，如同呦呦鹿鸣，又如同好客的周天子吟咏的一首千年古诗，是中华民族传承了几千年的古代科学的瑰宝。所以，屠呦呦说，中国之蒿改变了世界，青蒿素是传统中医送给世界人民的礼物。

02

梦想之路

每个人童年时，都会有一个梦想。

对王逸平来说，他从小渴望当一名医生，穿着白大褂，像白衣天使一样，治病救人。

对他来说，能够像神医华佗一样，悬壶济世，成为救人的名医，那是无比的荣耀。

王逸平的童年，是在上海卢湾区的弄堂里度过的。

童年的他，是一个很安静的孩子，从不调皮捣蛋。别的男孩子在课余时间，总会到外面去玩耍，而他，却总是躲在角落里，安静地看书。

那时候，爷爷身体不太好，总是去看中医。

每次抓了草药回来，王逸平总会一边帮着爷爷煎药，一边借机认识各种各样的药。那时起，他就认识了许多的中草药：丹参、党参、人参、柴胡、枸杞、甘草、桔梗，等等。

每次爷爷去药店抓药，只要王逸平在家，孝顺的他都会陪着爷爷一起去药店。当他看到奶奶最爱用来刷碗的丝瓜瓤也开在药方里的时候，他几乎要惊掉下巴："哇，医生爷爷，这个丝瓜瓤也可以用来治病吗？"

"当然，中医学里讲，天地之万物皆有药性，皆可入药。"老中医微笑着，眯着眼睛，透过架在鼻梁上的老花镜打量着这个经常跑过来看他抓药的小男孩，"小家伙，你为什么喜欢看我抓药？"

"不知道，我就是喜欢。"王逸平嘻嘻笑着，回了一句。

"唉，这孩子也不知道怎么了，就是喜欢陪我来拿药。"一旁的爷爷也笑。孙子这么孝顺，他当然打心底里喜欢这孩子。

"你老哥有福气，这孩子孝顺得很呢。"老中医羡慕地叹了一声。

王逸平却抬起头来看着老中医，一本正经地说："这丝瓜瓤也是一种药？它的功效神奇吗？这东西，我奶奶都是用来刷碗的。"

听了这小孩子的话，一旁的学徒哈哈大笑："哈哈哈，笑死我了！小朋友，这东西不只可以刷碗的。"

"太好玩儿了，刷碗的丝瓜瓤真的是一种药？"王逸平仍然有些不相信。

"嗯，没错，这是药，不过，不是一'种'药，是一'味'药。"老中医微微笑着，略一沉吟，反问了这个瞪着大眼睛望着的小男孩，"小家伙，看来你不相信？"

"不太相信，我看不出这东西有什么功效。"王逸平摇了摇小脑袋，他真的不相信这东西会有药效。

"这丝瓜瓤的功效可不小的，"老中医眼睛盯着王逸平，"听说过李时珍吗？"

"李时珍，我知道，他写的《本草纲目》，我在书店里看过的。"王逸平一听李时珍，兴奋地点了点头。

"不错哟，小小年纪，看《本草纲目》了。"老中医越发喜欢这个小男孩。

"书里画的药草，我认识一些。可是，不知道这个也是药。"

"丝瓜瓤这味药可祛风化痰、凉血解毒、杀虫、通经络、行血脉、下乳汁、治癣疮等，有许多药效。"老中医介绍道，"小家伙，这东西在几十种方子里都用得到。这里面的学问可大了，你要想搞清楚，就得好好学习。等你长大了，把这些东西的药物成分研究出来，咱们老祖宗传下来的中医药方，可是非常了不起的。"

"为什么药论一味药？不是一种药？"王逸平认真地听着，他不解，眨着大眼睛，向老中医求教。

老中医一边掂着手里的小铜秤仔细称着药，一边看着这个好奇的孩子："《神农本草经》讲，中药有'五味'，这'五味'指的是酸、苦、甘、辛、咸。其实每一味草药都有自己独有的'味'道，比如黄连是苦的。用'味'做草药的量词，这也说明中医对中药的五味非常重视，因为每一味药都有特定功能，比如酸敛、苦泄、甘缓、辛散、咸软等。

所以，中药才有了'一味药'之称。"

"原来是这样啊。这些中药很贵吧？为什么全都用铜秤称？"王逸平仔细看着老中医手上的动作。

"这个啊？"老中医晃了晃手里掂着的铜秤，笑道，"这叫戥子，是宋朝人发明的，用来称贵重的黄金、白银、珠宝、中草药。这秤是以克为计量单位的，小秤盘。这个秤砣是黄铜或白铜的。这秤可比外面卖菜用的那种木秤更精确。"

王逸平没想到，以铜秤来称中药是我国上千年来的历史传统。

"多称一点少称一点是怕少卖钱吗？"王逸平天真地问了一句。

"不，那可不是钱的问题。我们中医有句俗语'中医不传之秘在于剂量'，意思是说在治病过程中，药物的剂量准确非常重要。"老中医神秘地对王逸平眨了眨眼睛，"小家伙，知道吗？这可是我们中医治病的秘方。"

"秘方？"

"对啊，这药，多一分便是毒，少一分则无

效，所以，必须称量精确。"

"啊？多一分是毒？"王逸平张了张嘴巴，他吓了一跳。

"没错，例如这砒霜，可是剧毒，但是，用来治病的时候，却是一味良药。"老中医伸着手，指着一个上了锁的药匣，收敛了笑容，正色说道，"这东西多一克让人送命，少一克治不了病。"

"这砒霜可用来治病？"见到那药匣写着"砒霜"两个字，王逸平似乎被雷击了一般。对他来说，砒霜能治病这件事实在太可怕了。砒霜是剧毒，碰不得，他可是知道的。

"是啊，小家伙，这中医可是深奥得很，中医的魅力之一在于其随症加减。比如在通便时常用到大黄这一味药，快治愈的时候，我们就会停止使用大黄。"老中医一边笑眯眯地从老花镜里斜瞄着王逸平，一边指导着一旁在抓通便药的徒弟说，"那病人已用三天大黄了，既然已基本上正常了，余下三天的药不要再用大黄了。"

"好的，师父。"徒弟俯首应着，一边把刚拿出来要配药的大黄收了起来。

死神密码破译者——王逸平的故事

王逸平趴在柜台前，仔细地听着、看着，那一味味中药，在他的眼里，神奇无比。

经过老中医的手，那些中药、药丸，如同太上老君的灵丹妙药，抑或是济公从身上搓下的包治百病的泥丸，既能延年益寿，又能起死回生……中药的世界真是太奇妙太有趣了。

"'治上焦如羽，非轻不举'，在治疗人体上部的疾病时，要求用药轻灵，如果剂量稍微过大，则药效就会进入人体中部，起不到治疗的作用。剂量不准确，也会造成药效的差距。所以，每一味药的剂量，必须精确。"

老中医徐徐而谈，仿佛在教导身边的徒弟，又仿佛在启蒙面前的这个与中药有缘的孩子。

老中医的这些话，王逸平虽听不太懂，却饶有兴趣地一边慢慢地看着他称着一味又一味中药、开着像天书一般的药方，一边听他慢慢地讲。

"医生太厉害了，能给人治病，我长大了也要当一名医生。"王逸平无比向往地看着老中医，兴奋地说出自己的梦想。

老中医摇了摇头："不，我们医生除了手术台上救人，全靠药方和药来治病救人。小家伙，给你说，真正厉害的，是那些研发治病救人新药的科学家。"

"研发新药的科学家？"王逸平一愣，他从来没有想过这个问题。

科学家似乎离他太遥远，他身边没有这样的人。他觉得，那些科学家好像每天都待在实验室里。对普通人来说，他们隐藏在医生的背后，如果不是老中医说，王逸平还真的不会想到，治病救人的，不只是医生，还有那些背后的英雄。

王逸平的大脑像被人打开了一扇门，透过这扇门，他好像看到了另一个神奇的世界。

那个老中医说，那些科学家是背后的英雄。给人看病治病的医生，有了科学家们研究的新药，才能治愈许多疑难杂症，让病人起死回生。

这太神奇了。

就这样，王逸平心里悄悄萌发了一个新的梦想，他想当一名研发新药的科学家，研究出能够治疗世界上所有绝症的药来。

弟弟王国平打小身体弱，动不动就生病，王逸平比弟弟大两岁，每每看到弟弟老是生病，王逸平心里便特别难过。

这个年代的人，都不习惯去医院看西医，一般都是上弄堂口的老中医那里，看病开方子抓药。

爷爷害怕打针，他习惯看中医。所以家里人，无论老幼，生了病，不论大病、小病，寒病、热病，也都一律看中医喝中药汤。

弟弟国平最害怕喝药，每次生病喝药的时候，望着黑乎乎的药汤，总是先呜呜地痛哭上一通，然后才艰难地喝上一口。每每这样，妈妈总是端着药碗站在一旁，手拿着一块糖或者枣糕，连哄带骗，弟弟国平才将药喝完。

王逸平勤快，帮妈妈干家务，主动给爷爷和弟弟煎药，待爷爷和弟弟吃完药，王逸平便学着妈妈的样子，把药渣倒在弄堂的路口。

妈妈说，这来来往往的路人多踩几下能祛邪，爷爷和弟弟的病就会好起来。

可是，药吃了一副又一副，药渣也踩了又踩，这一次爷爷的病总也不见好。

后来，王逸平的爷爷在外婆、奶奶去世后，也离开了他们。

一次次亲人的离世，让王逸平无可奈何，他只能眼睁睁地看着死神带走他最亲最爱的家人。此时，他真想变成华佗，从死神手里抢回最疼他的爷爷。

"如果有更好的药，就好了。"妈妈偷偷地啜泣。老中医跟家里人说，现在的药对这种病没办法，如果现在能研究出新药来，这病能治好。

妈妈的哭泣，老中医的叹息，深深地刺痛了年幼的王逸平。

王逸平暗自在心里发誓，有一天，他要当一个研发药物的科学家，研究出各种各样的药来救人。

也许是因为家人多病，王逸平不知不觉与中医结下了不解之缘。他经常陪着爷爷和弟弟看病、拿药、喝药的经历，成了年少时抹不掉的记忆，也在无意中，指引着他走上了从医之路，从而决定了他一生的梦想。

20世纪六七十年代的时候，我国的医疗水平还刚刚起步，受条件的限制，当时百姓们看病难，住院难，手术难。医院里缺医少药，医疗技术和设备也跟不上，当时，一场重感冒就可能会引起肺炎、哮喘，甚至要人性命。

至亲一个个因病离世，让年少的王逸平在不谙世事的童年就体味到生死的无奈。

在那一场又一场无奈的告别中，小小年纪的王逸平渴盼着像老中医说的，那救人性命的药神出现，给他们带来救命的新药，他的爷爷、奶奶、外婆就都有救了，都不会离开他了。

王逸平心底里更坚定了信念，他要成为一个研究药物的科学家，对，一个科学家，一个救人性命的科学家。

1978年开始，初中恢复了生物课。初一开设了"植物学"，初二"动物学"，初三"生理卫生"，高二和高三开了"生物学"。

那时生物课一开，立即引起了王逸平的兴趣。说起来，王逸平在学生时代始终对生物课有着特别的兴趣。

那个时候，都说学好数理化，走遍天下都不怕，所以，同学们都更重视主课数理化，没有几个人喜欢生物课。而王逸平却在生物课上投入全部的精力，业余时间也花在写观察笔记上，因此，他的生物课成绩一直特别好。

弟弟王国平发现，不知什么时候起，哥哥王逸平竟然去图书馆借起了医学书看。有一天，他还用攒了好久的零花钱从书店买了一本《本草纲目》回来，王国平上去翻了两页，觉得实在无趣，便瞪着大眼睛问哥哥："哥，你怎么看医学书？"

"没什么，就是看看。"

"你又不是老中医，怎么还看这书呢？"

"挺有意思的。"

"要我看，一点意思也没有，真搞不懂你。"

"我又不是谜语，你搞懂我干什么？"王逸平拿过书来，低头认真看了起来。

"净些老古董，你看吧。"

"老的传统的东西才是永恒的，你不懂。"王逸平抬起头来看着弟弟，笑了笑。

自王逸平有了第一本中草药的医学书，便深深地迷上了中草药物类的图书。可是，书太贵了，他买不起，只好去图书馆看。

图书馆离家比较远，每到星期天，他便带着干粮，一整天泡在图书馆里。他带着纸和笔，能抄的抄下来，能照着画的植物样子，他便画下来。王逸平会画画，画起各种植物来特别逼真。看书、抄书、临摹，是王逸平最大的乐趣。

身边没有哪个孩子上中学的时候就会去看这种医学类的图书，而王逸平，却成了一个特别的存在。

他如饥似渴地对照着《本草纲目》，认识了身边的许多种植物。那一本书，打开了他进入植物药物学的大门，他慢慢走进了那个充满着神秘的医学世界里。

因为迷上了植物，王逸平的生物成绩特别好。可能知识之间有某种共通性，王逸平化学和物理成绩也特别好。别人听不明白的问题，老师讲一遍，他就能听得懂。老师在讲台上做的化学小实验，看一遍他就能跟着做出来。那些复杂的化学成分和元素，他过目不忘。到五爱中学提高班就读的时候，他的数理化成绩一直是班级里的

前几名。

上物理、化学、生物课时，有许多同学最怕做实验，而王逸平，却对这些实验充满了兴趣和向往。一进入实验室，那些别人看来无聊透顶的瓶瓶罐罐，在他的手上都变成了艺术品，充满了无穷的乐趣。

在他的世界里，那些化学试剂和各种生物样本，似乎都有了生命和灵魂。因此，他的生物老师说，王逸平安静的个性和敏锐的观察力，特别适合做学术研究。

也许，在王逸平的梦想里，那神奇的药物学研究，源自童年时老中医的启蒙，源自对家人的那种爱。那一味味神奇的中草药，如同被打开的潘多拉魔盒一般，召唤着、吸引着他前往那个神秘的世界去探险。

王逸平记得在书上读到过，有人说，医学科学家每研究出一种新药，就会让死神对人类的控制后退一步。他便想化身为医学科学家，去跟死神战斗。他要打破死神的枷锁，破译死神的密码，让人类摆脱死神的控制。

人类到底是如何被死神控制的？

上学时的王逸平疯狂想知道谜底，他甚至曾想化身成齐天大圣孙悟空，投身到那个让他痴狂的神秘世界里去，一探究竟。

没有人知道，年少时的王逸平，竟然会对药物学如此着迷。很少有人在年少的时候就对枯燥的植物药物学感兴趣的，而他，却深深地迷恋着每一株散发着药香的植物。

走在路上，看到一株狗尾巴草，他也会蹲下来，揪上一棵，捏在手里，仔细地研究一下："狗尾巴草，又称谷莠子，具有清热利湿、祛风明目、解毒、杀虫的功效，主风热感冒、黄疸、小儿疳积、痢疾、小便涩痛、目赤肿痛、痈肿、寻常疣、疮癣。"

没有多少人知道，一棵野草会有什么功效和药用价值，可是在王逸平的眼里，身边的每一棵野草都无比神奇。

常人认为毫无用处的一棵棵杂草，到了王逸平的眼里，都变成了神奇的宝贝。

自从有了中草药的知识，王逸平看世界看自

然的视角越发与众不同。

看到路边人人敬而远之的苍耳，他会兴奋地蹲在一旁，观察上一会儿。

春天，他一边吟咏着"采采卷耳，不盈顷筐，嗟我怀人，寘彼周行……"一边揪上一朵白色的苍耳花闻一下花香。

秋天，跟在身边的弟弟国平，揪了苍耳种子去逗哥哥王逸平玩。

满身是刺的苍耳子扔到头上，会粘得人头皮疼，扔到衣服里，更会扎人。

王逸平可不想中弹，四处躲藏着，淘气的弟弟在他屁股后面紧追不放。

王逸平一边逃一边教导弟弟："国平，你知道吗，这苍耳子可是有毒的。"

"这东西有毒，是真的吗？"一句话，把国平吓了一跳，赶紧撒开手扔掉苍耳子。

"当然是真的，这苍耳全株有毒，尤其是苍耳种子。不过，虽然有毒，这苍耳子是可以入药的。"

"有毒的东西还能入药？哈哈哈，哥哥，你太搞笑了。"国平被哥哥认真的样子给逗笑了。

"没有开玩笑，国平，这苍耳子虽然有毒，却主治头风、寒痛、晕眩等病症，我在中药店里见过炮制入药的苍耳子。"

"噢，竟然是真的。"国平知道哥哥经常去中药店给自己抓药，很感激地看了哥哥一眼，"哥哥，你懂的真多。"长兄如父，只大自己两岁的哥哥从小就照顾他，兄弟俩感情一向很深。

"不多，这些植物，几千年前的《诗经》里就有许多记载。我国的中医学博大精深，不管植物、动物、矿物，万事万物皆可入药。"一说起中药来，王逸平便侃侃而谈。

"万事万物皆可入药，太不可思议了。"弟弟摇着头，眼睛瞪得大大的，好奇地看着哥哥。

"记得《神农本草经》里称这苍耳子为地葵，能治风湿周痹、四肢拘挛痛、恶肉死肌、膝痛，久服益气，耳目聪明，强志轻身。"

"嗯嗯，我记住了，哥哥。矿物怎么入药啊？"虽然听不太懂，但国平却认真地听着，他知道知了皮也就是蝉蜕可以入中药，蜈蚣、蛇、蝎子、蛤蟆、蜘蛛这些属于动物入药，哥哥早就跟他讲过，可是说起矿物入药他就不明白了。

"金、银、铜、铅、水银、云母、雄黄、石灰、石膏等皆可入药。"王逸平扳着手指头，娓娓道来。不知为什么，平日里那么不善言谈的一个人，那么小的年纪，一提起中药来，就像一个坐堂的老中医一般，说起来头头是道。

王国平自然没有想到哥哥说的金银铜铁这些东西还能入药，难以置信地摇了摇头："怎么会呢，这些东西能治病吗？"

"当然能治病了。你回去好好看一下《本草纲目》就懂了。"

"那书太厚了，我看两页就打瞌睡。"王国平摇了摇头，他更喜欢看那些有图有画有字的小人儿书，这医典他可读不了。也不知道哥哥是从哪个星球来的人，一个中学生，竟然喜欢研究老中医的那些东西，太无聊了。

"你就知道睡！知道吗？你这叫懒病。"

"嗯？怎么批评起我来了，我就是不喜欢嘛。"

"总有一天你会喜欢的。"王逸平平静地瞄着弟弟，"你现在知道的中医知识，比你的同学多吧？"

"当然了，前天，我守着那些胆小鬼说蛇怕野决明，野决明可以入药，他们就跟听天书一样，一个个瞪着大眼睛听得入迷。"

"噢，呵呵，原来你喜欢吹牛啊。牛皮大王，学了一点皮毛就用来吹牛。"王逸平板着脸，看着弟弟，眼神里带着三分严厉。

"吹牛有什么不好？"王国平不服气，瞪了哥哥一眼，转过头去。

"这不是用来吹牛的，是用来治病救人的。"

"你又不是医生，治什么病，救什么人？"王国平不服气地白了哥哥一眼。

"总有一天我会成为一名医生的。"王逸平拍了拍胸脯，看着弟弟笑道，"也许你也会跟我一样，当医生。"

"我才不呢。"王国平摇了摇头。

王逸平不再逗弟弟，专心观察着周围的植物，还有许多植物他叫不上名字，所以，他要下功夫，才能认识更多的植物。在王逸平的眼里，神秘奥妙的大自然才是真正的知识宝库。

果然，在报考大学选择专业的时候，王逸平

看着坐在身边的弟弟国平，无比向往地说："我要报医学院，将来成为一名医生，给家人治病，给更多的人治病。"

"学医好。"王逸平考了好成绩，妈妈高兴坏了。

1979 年那时候，高考是万人过独木桥，录取率很低。这几条弄堂里的五六十个孩子，只有哥哥王逸平和另一个孩子过了上海第二医科大学的线，她能不高兴吗？在妈妈心里，也盼望着家里能有一个学医的人。

上海第二医科大学的分数线虽然很高，但以王逸平的成绩报考，绝对没有问题。

爸爸也同意王逸平报医学院，所以，王逸平毅然选择了上海第二医科大学。不过，他在大学里学的是临床医学专业，也就是说，他毕业后会成为一名治病救人的医生。

大学期间，王逸平在医院实习。有一次去查房，一位病危的老大爷紧紧握着王逸平的手哀求着："医生，救救我，我不想死！"这句话深深刺痛了王逸平的心。

面对病人，没有有效的治疗药物，医生的医术再高明也无能为力。这时，他又想起疼爱自己的爷爷、外婆，都是因为没有有效的药物而被病魔夺去了生命。

最终，王逸平决定，从临床医生转做新药研发，并在硕士研究生阶段选择了药理学专业。

至此，王逸平真正踏上了他为之奉献一生的新药研发道路。

在哥哥王逸平的影响下，弟弟王国平考大学时，也填报了医学专业。

性情平和安静的王逸平，似乎就是为了医学研究而生。有些人喜欢热闹，坐不住冷板凳，而王逸平却自得其乐，将这种安静而又寂寞的研究工作当成一种人生的享受。

有人曾说，有梦想的人，如同一个追着蝴蝶、闻着花香奔跑的孩子，无论梦想多么艰难而又遥不可及，都会快乐而不知疲惫地追赶。

王逸平就是那个追求人生梦想的人。

新药研发，是一条布满荆棘的崎岖之路，更是一条努力十几年，甚至一辈子，可能都没有结果的"天险"之路。作为药物研发者，一生中能研究出一种新药来造福世界，都是无上的功德。

医生治病救人，会被病人尊为名医。而隐身在荣光背后，默默守在清冷的实验室里一遍又一遍做实验的幕后英雄，却没有多少人知道。就连那些从事医药工作的人，都不太了解这些神秘的科研人员，更何况普通大众对他们的了解和认知了。他们的时间，每一分钟，都用在实验室里。他们的工作，寄托着人类医药事业的希望。正是有了这些人的存在，人类的医药发展才得以进步，人类才战胜了死神的一次又一次威胁。

人在生病用药的时候，大都不会去细想，这是科学家花费毕生的心血和精力，为我们研发出来的救命的药。

在那冷清而又孤寂的实验室里，科学家们默默坚守着自己的人生梦想，走在失败、重来、再失败、再重来的创新之路上。

这条路对每一位科研人员来说都是艰苦的。没有人会理解那成千上万次的化学分子实验有多么枯燥。尤其在进行动物试验时，长达几年的药理对照观察，让他们失去了大多数陪伴家人的机会，失去了享受生活乐趣的机会。他们的生活是清贫的，工作是艰苦的。没有人理解，一个人怎么会那么无怨无悔地沉浸在那一堆枯燥的数据里，把一生扔在一堆没有气息的玻璃器皿里，在"与世隔绝"的实验室待上一辈子。

这样的人生，在许多喜欢热闹的人眼里，是难以忍受的。

而这些科学家，面对死神的战书，不惜花费毕生心血来迎战，用一生来破译死神的密码。

在成千上万次的实验里，他们慢慢白了头，花了眼，老去了容颜……

王逸平当然知道自己的梦想之路有多么艰难，因为他的导师，他认识的人，大多都走在这条路上，都是战斗在这个世界里的勇士……王逸平当然没有后退，他毅然走进实验室，埋头投入研究。

对这个世界来说，没有人知道一个孩子童年的梦想，决定了一个"药神"的出现，也没有人知道，这个孩子，将来会真的用尽自己的一生投身到一场义无反顾的战斗之中，用自己的生命，和死神殊死搏斗，改变了几千万病人的命运，给已绝望的病人带来生的希望。

03

一片丹心在药壶

　　1986 年 10 月，屠呦呦研究员带队研发的新药青蒿素、青蒿素栓剂通过了国家卫生部药品审评委员会的审评，获得了新药证书，成为我国实施药品管理法以来，第一个批准上市的 1 类新药。

　　青蒿素的正式上市，可谓是世界医药史上的一件里程碑式的大事，在中国药物学研究领域更是引起了轰动，是中医药科学的荣耀。

　　一棵散发着药香的小草改变了人类药物学的进程，更改变了世界几亿人的命运。

　　当时在上海第二医科大学读硕士的王逸平心里暗想：中国中医药研究，是一个伟大的宝库，应该让其发挥更大的作用，为人类健康造福。

看着新闻报道，王逸平和他的同学们无不欢欣鼓舞。他们更是从青蒿素的研发之路上看到了中国药物学研究的希望。

有一颗种子，已悄悄埋在了王逸平这些年轻学子的心中，总有一天，这颗种子会生根发芽，开出绚烂的花朵，结出丰硕的果实。

1988 年，王逸平研究生毕业，进入中国科学院上海药物研究所，从事心血管药理研究。

学医的人很苦，一旦走上这条路，一辈子都要不停地学习才行，因为病毒一直在变异，不与时俱进、不学习的医生就会被病毒打败。

当医生的人如此，搞药物研究的人也是这样。因此，1995 年起，王逸平一边上班，一边攻读上海药物研究所的博士学位，并于 2001 年取得药理学专业博士学位。

刚进入研究所时，王逸平觉得离自己的梦想越来越近了。每天他都安静地待在实验室里，进行着相关的研究。

这个时候的王逸平，还没有想到自己要做什

么课题，他正拼命地学习知识，对他来说，刚刚投身到这个领域之中，还没有找到自己研究的准确方向。在药物学的浩渺宇宙中，王逸平在寻找，那个未来的梦想和归宿，那片属于他的天空。

没有人知道，这个瘦削的年轻人，将来有一天会成为几千万心脏病人的救星；更没有人知道，在那个安静的、冷清的实验室里，这个年轻人，会投入他的一切甚至生命，用他的一切，炽热燃烧着他的希望，最终，耗尽生命，研究出那个拯救 2000 多万心脏病人的新药来。

对王逸平来说，他没有觉得这种工作和生活是寂寞和枯燥的。他跟这个科研所里的其他老一辈科学家一样，投身于药物学研究。这个平凡的实验室，见证着他和一辈又一辈科学家的青春和热血。

随着医学的进步，人类生命基因的密码也在慢慢解开。

作为一个迈入而立之年的药物研究学家，到底做什么课题研究，是王逸平一直在苦苦思索的一个问题。

王逸平没有急于确定课题，他在寻找自己的研究方向。他在纠结、在困惑、在学习。

他深知，研究课题一旦确定，不光是自己的一生、巨额的研究经费，投进去的更是这个课题小组几十人的一生和命运……思来想去，王逸平没有轻易确定课题，而是安下心来，踏实做好基础学习和研究。

1990 年，王逸平的朋友刘海勇得了冠心病，因没有药效好的药物治疗，只能卧病在床。

王逸平得知海勇的病情，就去看他。躺在病床上的海勇悲伤地望着天空的一角，眼神里充满了绝望。

"海勇，你现在用的什么药？"

"唉，没什么好药了，我的病没治了，逸平，完了。你看看，我这么个大男人，只能天天躺在床上等死了。"海勇两眼无神地看着王逸平。

难以想象，去年，他还是纵横驰骋在足球场上的前锋、抢断王……心脏病，击垮了这个强壮如牛的人——他不敢再踢球，甚至不敢独自散步。

"别瞎想，你要坚强点，每天起来慢慢转转、走走，锻炼锻炼。"王逸平心疼地看着朋友。在疾病面前，这个一向健壮、坚强的人，竟然变得这么脆弱。

"锻炼？没有用的。你觉得我以前锻炼得少吗？你可是知道的，从高中起，每天早上雷打不动的两公里，我坚持多少年了。"海勇无助地摇了摇头，他想不明白，老天爷为什么让他生这个病。他还年轻，他还有好多的事情都没有做。他想去看布达拉宫，到大草原上骑马，到天涯海角去放歌……祖国美丽的大好河山他还没有看够，他的球友还等着他去踢球，可现在，他却被困在病床上，哪儿也不能去。

"这个……"王逸平也想不明白，要和身边的很多人比较起来，海勇真的是很注意锻炼的。一时间，他无言以对。

"现在几种药效果都不太好，所以医生嘱咐我，这病不能乱动乱跑，只能这么维持着。我也想开了，活一天是一天吧，不知道哪一天，我的心脏随时就停止跳动了。"

海勇的话是那么无奈而又悲凉，令王逸平心

里很不是滋味。

"没有你说的这么悲哀，你要坚强点，这样才能战胜疾病，海勇。"

王逸平心里很难过，作为一个医学科研工作者，他觉得很惭愧。自己什么忙也帮不上，只能这么眼巴巴地看着朋友在生死边缘挣扎。他又想起因病离他而去的爷爷、奶奶、外婆……

正这么想着，王逸平的视线停留在海勇床头柜上的那盒丹参胶囊上，这药虽然治疗冠心病药效慢，但这是目前比较有效的中成药。

"我快不行了，逸平，你不知道，刚开始得这病的时候，我吃这药还挺管用的，可是不知为什么，现在这药好像不管用了。"海勇无力地摇了摇手，脸色越发苍白。

王逸平怔怔地看着海勇，他从海勇虚弱的身体里，再也找不到那个球场上断球王的样子了。

在这样的疾病面前，人如同一棵易折的小草，脆弱不堪。

一种药常年吃下来，肯定会出问题。

人类在用药物同疾病的对抗中，有一个不可

回避的难题，那就是抗药性。某种意义上说，抗药性，是药品的宿敌。

人类想置病毒于死地，而病毒也在不断地寻找生存的方法。如果抗病毒药物的研发速度跟不上病毒的变异速度，人类就可能在疾病面前束手无策，陷入无药可用的境地。

丹参，几乎所有的抗冠心病中药里都有它的身影。

丹参入药，在我国有悠久历史，《本草纲目》《中医药大辞典》等医药文献中都有记载，但丹参的有效成分到底是什么？许多年来，药物学家们一直没有搞清楚。

丹参是唇形科草本植物，用根入药。别名有赤参、木羊乳、逐马、山参等。

丹参具有活血祛瘀、通经止痛、清心除烦、凉血消痈的功效，用于胸痹心痛、脘腹胁痛、疮疡肿痛等。

《神农本草经》将丹参列为上品，记载"丹参，味苦微寒。主心腹邪气，肠鸣幽幽如走水，寒热积聚，破症除瘕，止烦满，益气"。

王逸平当然熟知丹参的功效。现在用于心血管病临床治疗的主要是复方丹参片，它能扩张冠状动脉，增加冠脉流量，改善心肌缺血和心脏功能，调节心律，并能扩张外周血管，改善微循环，能提高机体耐缺氧能力……可是，这味中药在冠心病急性发作时，药效太慢，无法快速产生疗效。

王逸平沉思着，心里掀起了滔天巨浪，他突然有了一个想法，一个让他愿意一生为之奋斗的想法。

"我要研究治疗冠心病的新药！"

"我要从丹参里找出治疗冠心病的奥秘！"

想起屠呦呦从中医古籍中"青蒿一握，以水二升渍，绞取汁，尽服之"的古老智慧中得到启迪，研究提取出青蒿素，王逸平意识到，自己也应该顺着屠呦呦的研发方向，借鉴古老的中医药典，从丹参里提取出治疗冠心病的活性成分。

王逸平暗想：如果从治冠心病的药入手研究，把丹参的有效成分提纯成可注射用药，将丹参的药效发挥到极致，海勇的病就有救了。

"太好了！我就以此作为研究课题，攻下这

道难关，解决冠心病人的注射用药。"想到这里，王逸平心里不由得一阵激动。

"海勇，我去研究治疗冠心病的新药，你给我挺住！"王逸平打定了主意，安慰海勇。

"好，逸平，我等着你的新药，你要快点。"海勇没有想到，王逸平竟然会为自己研究新药，激动得眼里闪着泪光。他当然盼着能有救命的新药，可是王逸平能为自己去拼，他真的没有想到。

"海勇，你放心，就是拼上一辈子，我也不会放弃的。"王逸平用力握着海勇的手，点了点头。

海勇看着王逸平，他知道，王逸平一定会信守承诺，为此拼一把。

告别了朋友，走在路上，王逸平暗自握紧了拳头。他要尽快研发出新药来，帮自己的朋友和病人们战胜病魔。

04

死神的挑战

回到药物所，恰好同事宣利江来找王逸平。原来，宣利江正在为自己博士论文中丹参水溶性成分的活性筛选发愁，因此，他找到了从事药理研究的王逸平。

听到王逸平要研究治疗冠心病的注射药，宣利江感到很惊喜。两人一拍即合，从此开启了丹参多酚酸盐的研制。

也正是在这一年，王逸平成为上海药物所最年轻的课题组长。

当时，我国治疗冠心病的药已有好几种，但药效都不太理想。

要想治病效果快，就要把药物提纯，做成可注射用的粉针剂。再早些年，也有一些科学家进行过这类研究，但都没有成果。

谁能研究出治疗冠心病的特效药来，谁就是病人和医生心中的"药神"。病人们都在盼望着能尽快研究出新药来，医生也都在盼望着这个神一般的人快点出现。

可是，要把传统中药用西医手段研发成注射用药，难度堪比登天。

王逸平和他的团队不畏艰险，说干就干，立即展开了调研。

很快，他们的论文通过了药物所的课题研究评估。对新药的研发正式开始。

王逸平就此开始投入到了疯狂的工作中，他把所有的时间全放在实验室里。实验数据在一点点推进、积累。

早期药物所研究条件差，跟不上实验进度，他们只好借来仪器，夜以继日地工作。

研发新药，需要筛选上万种化合物，才有可能寻找出丹参里治疗冠心病的有效成分；也有可能根本找不到这种有效成分，像之前的那些前辈一样，最终耗尽一生，也没有成果。

在研发之初，大家就知道，这个研究，极有可能会让他们一生困在其中，而得不到结果，但他们仍然义无反顾地投身于此。

这才是真正的勇士，在面对死神的挑战时，甘愿投入毕生的心血，和死神进行一场没有硝烟的生死战斗。这场战争，经年累月，旷日持久。

实验的过程，日复一日，年复一年，历经无数次失败。在失败的打击下一次次爬起来，在黑暗中继续摸索前行，对这些科研者来说，需要莫大的耐心和信心。只有经历过成百上千甚至上万次的失败之后，才有可能破解死神的密码，迎来胜利的曙光。

王逸平不怕失败，他可以接受失败，也可以接受一生都研究这个课题。

他就是整个课题组的"定海神针"，每一次失败的数据出来，同事们从他脸上，都只看到云淡风轻的微笑和平静。

王逸平对比着每一组失败的数据，然后，淡淡地说了一句："挺好，我们又排除了一种化合物。"

"对，我们又排除了一种。"刚刚还有些垂头丧气的年轻同事听了这话，一下子又振奋了精神。对啊，他们每一次的失败，都是前进了一步，换句话说，这不叫失败，这就是实验的必经之路啊。

课题研究通过最初的数据论证，已进入最重要的第二阶段，这需要他们全力以赴。经受得住时间的考验和失败的打击，才有可能取得成功。

日子一天一天过去，很快，一年的时间过去了。经历了许多次失败之后，刚开始还会急躁的年轻同事也都沉稳了起来。

在王逸平看来，开端不错，他们实验最初取得的数据也算有进展。

只要一工作起来，王逸平就会忘掉一切，白天黑夜都待在实验室里。

每一次失败，他都没有挫败感，他反而觉得，总有一天，他们会破译死神的密码，为万千冠心病患者带来福音。

一切都在按部就班地进行着，每一天的实验数据在积累，一种又一种化合物的成分被确定又被排除，每一个月都有进展。

每当他们确定一种化合物，便要进行一次动物观察试验。

小白鼠对于每一种化合物的反应试验，不能离开人。王逸平从来都要自己守着，夜以继日，观察每一组数据，分析比对结果。

妻子方洁经常"怨"王逸平，说他陪自己和女儿还不如跟小白鼠待在一起的时间多。

"别提小白鼠了，方洁，你知道，我们已经牺牲了许多小白鼠了。唉，我真希望这一年多的时间里，我陪着的一直是第一组小白鼠啊。"

第一组用来进行试验的小白鼠如果活到现在的话，那就说明，他们找到了治疗冠心病的有效成分，他们成功了。

同是学医的妻子方洁当然知道这些，听了王逸平的话，又好声安慰他："加油，我相信，你们会成功的。"

动物试验中，动物对每一种化合物的反应都可能很轻微，如果粗心大意，就会白白浪费了时间和实验投入。这就要求研究者有足够丰富的经验，仔细观察比对试验数据才能下定论。

王逸平不敢错过每一次试验数据，更不敢有半点懈怠，每天早出晚归，经常吃睡都在办公室。实验成了他的一切，他忘记了家人，忘记了自己，在他的生命里，只有实验。

时间久了，妻子方洁说他都要把家当成旅馆了。好在方洁也是学医出身，了解王逸平的梦想，埋怨归埋怨，却从不拖他后腿。她承担起家里大事小事，孩子上学的事也是尽量不让王逸平操心。

其实，妻子并不是埋怨，她更多的是担心王逸平的身体，因为王逸平还有另外一个鲜有人知的身份——他自己也是一名饱受病痛折磨的患者。

那还是 1993 年的一天，王逸平突然发起了高烧。由于放不下手头的科研工作，自己又是学医的，于是他自己配药打点滴。打了 5 天点滴，但高烧依然没有退。无奈之下，他只好去了医院。

由于已经肠穿孔，他不得不接受了手术，切除了将近 1 米小肠。

可是谁也没有想到，术后的病理化验，等待他的，是一份克罗恩病的诊断书。

克罗恩病，是一种原因不明的肠道炎症性疾病，得了这个病的人，会出现腹痛、腹泻、发热等症状，严重时会贫血、大量便血，甚至昏迷，反复发作，无法根治，只能靠药物控制。

一次次病痛的折磨，也差点让他想到放弃。

作为从事医药研究的科学家，没有人比王逸平更清楚这种病了。

自己是听妻子方洁的话，像普通人那样，去当一名病人，老老实实躺下来，每天接受治疗，去保养，争取多活些天，还是继续实验，拼出新药来？

这是生与死的选择。选择了实验，意味着自己生命的时钟将走得更快；对实验的全心投入，意味着要放弃有效充分的治疗和休养。

但如果选择安心治病，那就要放弃自己一生的梦想，还有已经有所进展的课题研究和前期已投入的上千万的实验经费。

课题自启动之日起，就不是他一个人在战斗。整个课题小组这一年多的工作，耗尽大家的心血；药物所在各个方面的投入，也不是一个小数目。

作为课题组长，一旦放弃了，整个项目都会遭受重挫。

怎么办？

就在王逸平两难的时候，海勇打来电话："逸平，你的新药研发得怎么样了？"

是啊，王逸平想起了自己的承诺，想起了朋友殷切的期盼，还有成千上万等待新药拯救的心脏病患者。

王逸平决定了，他不能只为自己而活。

他要振作起来，就算死神真的来敲门了，又有什么可怕的！只要死神今天不带走他，他就还有时间。

对，他有时间，他要抓紧时间，抢在死神来临之前，完成新药研发！

"放心吧，海勇，新药研发进展顺利。你们要坚强，我们一定会研发出新药的！"王逸平郑重地向海勇保证。

"那太好了，我去告诉病友们去。逸平，加油，我为你骄傲！"海勇难掩兴奋。

想通后，王逸平又投入了工作。

妻子方洁是一名医生，她曾无数次劝说王逸平专心治病，好好保养。

她不想王逸平因为工作劳累，导致病情恶化。为此，她四处求医问药，甚至寻找偏方，给王逸平治病。

"逸平，只要咱们注意保养，好好休息，也会像正常人一样，开心活到老的。"方洁一边给王逸平煎着中药，一边劝慰他。

"不，方洁，我不想就这么白活了一回。"王逸平摇了摇头，他不怕药汤的苦，他只怕自己真的放弃了梦想。那样的人生，还有什么意义？

"哪里白活了，身体是革命的本钱，先养好身体再说。"

"我不能放弃实验，那才是我的命。我放弃了实验，就等于放弃了生命。"王逸平摇了摇头。

方洁气极了，把手里的药碗重重地放在他的面前："喝药，实验是你的命。"

王逸平在关乎生死的大问题面前，没有听妻子方洁的话，在家休养，而是选择继续研发新药。

王逸平不想让死神这么猖狂地虐杀人类，他

要想办法在有限的人生里先完成新药的研发，完成他的梦想。

王逸平给自己算了一笔账：每个人的生命都是有限的。现在中国人的平均寿命是七十多岁，他要是能活到五六十岁的话，也就比别人少活几千天罢了。

只要自己不浪费这些时间，新药的研发应该没问题。他的时间比别人少，他更应该珍惜这些时间，不能把这些时间浪费掉。

新药研发，动辄多年，耗资巨大，需要化学、药理、毒理等各个环节小组的科学家们精诚合作。任何一个环节"掉链子"，都可能导致研发失败。

他们的研发已从论文进入了试验数据阶段，如果在这个时候，因为他个人的原因导致实验半途而废，王逸平怎么都不会原谅自己的。

他个性固执，从不允许自己当逃兵。在这个时候当了逃兵，已投入的上千万实验经费，都会打了水漂，他将是药物所的罪人。王逸平哪里肯让自己安心躺下来去当一个病人？他做不到。

这就是一名科学家计算生命成本的公式。

当生命的沙漏加速时，王逸平更加坚定了信念，要珍惜每分每秒，一定要在有生之年完成新药研发，让挣扎在病床上的海勇和盼着新药上市的 2000 万心血管病人得到救治。

在与死神的对战中，王逸平没有屈服。他无视死神的挑战，继续每天忘我地投入到工作中去。

为了节省时间，王逸平经常自己悄悄去医院取药，自己吃药，自己给自己治病。

可是，医药研究从来不可能一蹴而就。有的科研工作者，终其一生，也没有研发出一种新药来。在这个专业领域里，一向是成功的人少，失败的人多。

王逸平带领科研团队，经过长达 13 年的艰苦攻关，终于揭开了丹参有效成分之谜。

日复一日，年复一年，从热血青年到霜染两鬓。

妻子担心着他的病，无数次劝他不要这么拼了，要注意休息。

可是，他却始终怠慢着自己。他宁愿把住院治病的时间花在观察小白鼠上，也不舍得在自己身上浪费一点时间。

为了节省更多的时间，他一次性多拿一些药，自己给自己注射打针，他觉得去跑一趟医院，排队打针浪费的时间太可惜。

是啊，作为一个跟死神赛跑的人，他的时间，每一分钟都弥足珍贵。

有好几次，王逸平外出时突然发病，腹部剧痛，便血虚脱，几近昏迷，最后被抬回家里。

当弟弟国平得知哥哥又一次晕倒在外时，气得再也忍不住，一个劲儿骂他傻。

王逸平却只是笑一笑，不作任何解释。

得了克罗恩病后，多喝水会导致腹泻，王逸平非常控制，尽量少喝水，没想到，长期如此，竟然又得了肾结石。

有一次开会，他的肾结石发作，疼得只能横躺在会议室的凳子上。

还有一次，他和同事到德国汉堡出差，刚到就发病了，血尿、腹痛一起袭来。疼痛难耐，他只好将自己泡在宾馆浴缸的热水里缓解。

病魔每天都在折磨着王逸平，却很难动摇他追求梦想的决心。每天只要能从床上爬起来，他

就去工作。

他说，多数人的生命最多只有 3 万多天，其中，除了吃饭睡觉，真正能用来工作的有效时间只有 1 万多天，因此，他要在有限的时间里，多做些有意义的事情。

王逸平心中有意义的事情，就是新药研发。

无论谁也劝阻不了固执的王逸平。妻子知道，在跟死神决战的王逸平，决不会当逃兵，所以吵过闹过多次之后，也只好任他折腾了。

其实，根据现在许多病例的治疗情况，克罗恩这种病，虽然不能完全治愈，但是只要保养得当，注意休息，不会影响太多。

可是，王逸平一工作起来，就忘了吃饭，忘了睡觉。尤其是新药的动物试验阶段，他守在实验室里，一待就是三四个月，作息毫无规律。这对一个病人来说，伤害可想而知。

长期的劳累，一个健康者的身体都吃不消，更何况一个患病的人？

妻子方洁打电话给他，他都没时间去接听。为了专心致志，不被打扰，在实验室里的时候，他从来不带手机。无论谁要找他，必须到实验室里去堵他。

家人无奈，只好到办公室来看他，苦口婆心地劝他注意休息。他满口答应着，家人一走，一切照旧。

妻子方洁气不过，"突袭"来找他，看到他因为疼痛难忍，并且加大了止痛药的注射剂量，当下就情绪失控，哭了起来。这段时间，王逸平一直说病情控制得挺好，没有发作过。没想到，疼痛一直折磨着他，但他嫌去医院浪费时间，竟然自己解决。

他为实验花多少时间都可以，唯独对自己，却这么吝惜时间，这是一个正常的人吗？

方洁被气得几乎失去理智："你傻吗？为什么不去医院？"

她再也忍不住了，愤怒地指责刚打完针的王逸平。

"别这样，方洁，你看，我不是好好的吗？昨天晚上睡得有点晚，所以才……你别担心，我没事的。"王逸平竭力装出一副云淡风轻的样子，淡淡地笑着。

"没事？都晕倒了还没事！王逸平，你能不能别骗我，也别骗你自己！"方洁恨王逸平这么拿自己的身体不当回事，愤愤地瞪着他。

"方洁，你知道，我没有时间拿来浪费了，不把新药研发出来，我就白活了。"王逸平长叹了一声，"方洁，你别生我的气好不好？老天爷给我的时间太少了，我不想带着遗憾离开这个世界。"

"什么？去治病就是浪费时间吗？你知不知道，再不注意治疗和保养，你的病就更难控制了，万一……。"方洁气得浑身发抖，声音也微微发颤。

"我知道。"王逸平却轻轻地笑了笑，轻声回了一句。

方洁说不出话来，她又何尝不知王逸平的梦想。

"放心吧，我这几天有时间了，就去医院看看，做个全面系统的检查。"王逸平看到方洁满眼的泪，心里愧疚得很。

"嗯，一定得去。"方洁见王逸平答应了，这才放下心来。

最终，在方洁的再三坚持下，王逸平这才跟着去了趟医院，简单做了个检查，又配了些药回来。

在他的办公室里，常年备着止痛针和急救药，疼得实在受不了了，他就自己给自己打针治疗，病情稍稍缓和后，就马上又投入到工作中。

想让王逸平休息，那是不可能的。

就在他的病用西药已经无法控制的时候，王逸平都没有放下手里的工作，仍然每天闷在实验室里。

后来，方洁还是知道了，王逸平根本就没听她的话，仍然自己给自己打针。没有人拿自己的生命开玩笑，王逸平有多固执，方洁是知道的，既然王逸平选择了梦想，无论谁都改变不了他。

每每想到这里，方洁就崩溃，她知道，她无法动摇王逸平的想法。

一年365天，300多天待在实验室里工作的王逸平是怎么坚持下来的，没人知道。

"王逸平，难道你不为我和女儿想想吗？你这样，很快就没命了。工作，工作，一天到晚，你就知道工作。工作难道真的比你的命还重要吗？"

绝望的方洁看着王逸平，再也控制不住。

"方洁，我做完这个实验就去，别生气，我做完了就去医院。"王逸平哄着妻子。

他心里怎么会没有妻子和女儿，可是，他心里也有新药，那是他一生的梦想，是他活下来的唯一的动力。

方洁劝说无果，只好哭着离开了。

再后来，他整天里待在无菌实验室里，方洁去了很多次，也没办法进去把他"抓"出来。

王逸平一个实验做完，真的去医院了，不过，他去医院的主要目的是了解新药的临床疗效，再顺便给自己拿一点药。

这就是王逸平，一个完全把自己忘记了的人。

他一边感叹着老天爷对自己不公，只给自己这么一点时间，让他没有时间再多研发新药，一边珍惜着自己的每一分钟。他怕自己一倒下，就再也醒不过来……

在新药即将推出的那段日子里，他连家也不回。

方洁心疼不已，牵挂着他，只好放弃了跟王

逸平的争吵和冷战，做了好吃的，有时间就过来看他。

他瘦得越发厉害，视线里的他，瘦削的身子再也经不起折腾，似乎一阵风就能把他给吹倒。

王逸平早就将生死置之度外，他不怕死，只是恨老天爷没给自己更多的时间。

弟弟王国平恨哥哥把他自己和家人都忘记了，也吵过、闹过，最后，他和嫂子一样，选择了闭口不言。

既然哥哥决定用这样的方式来度过自己的生命，他们为什么要让他难过？

家人都沉默了，他们远远地看着那个为新药痴狂的"傻子"，他们很心疼，却不忍上前再去打扰他。

家人们知道，他的时间有多么宝贵，他说，他有限的时间研发出来的新药能救几千万人的生命，值得。

家人们不敢再去浪费他一分钟：他的时间，都交给了实验。如果他们再去打扰他的工作，会让他伤心的。

沉默的爱啊，没有人知道，这种沉默有多么无奈和绝望，看着王逸平在病痛中挣扎着工作，他们却只能在一旁悄悄地落泪。

05

用自己做小白鼠

　　在药物研究界有这样一个公式：1 个新药 = 筛选 10 000 个先导化合物 +10 至 15 年时间 +10 亿至 15 亿美元投入。

　　这是一个震撼人心的公式，相信任何人看了，都会明白，这是多么艰难的一件事情。

　　对从事药物研究的人来说，一辈子能研究出一种新药，既是举世的荣耀，也是每一个药物研究者的梦想。

　　这个梦想，在王逸平 42 岁的时候就实现了。

　　功夫不负有心人，实验室里终于传来了好消息。观察比对实验数据时，王逸平发现了一种生物活性特别强的化合物——丹参乙酸镁。经过进一步研究，他大胆地推测，这可能就是丹参中最主要的药用成分，他们寻找了多年的神秘化合物。

经过多次论证和实验数据比对以及动物试验观察比较，王逸平带领团队，创造性地提出，以丹参乙酸镁为质量控制标准，来研制丹参多酚酸盐粉针剂。

所有的人都在为这些伟大的勇士们欢呼，为他们即将到来的胜利而欢喜。

大家都知道，成功就在眼前了。他们奋斗了近十年，终于要有成果了。

可是，就在新药推出进入临床试验的时候，竟然没有招募到多少志愿者。

为了尽快取得新药临床数据，王逸平急了，他跑到医院去，直接让护士给自己埋针打点滴。

医院的人还没有见到哪一个科学家亲自来试药的，上前劝他，他却很认真地回道："我们发明一种好药，首先是种安全药，得敢用在自己身上。放心吧，我对我们研发的新药有信心。"

这就是一个科学家的忘我精神，海勇得知新

药进入临床试验的时候，在病友群里发出了消息。当病患得知研发新药的科学家竟然以身试药的时候，纷纷来报名当试药志愿者。

这就是王逸平的人格魅力，在工作中，他始终保持着一名科学家的严谨作风，大事小事尽量身体力行，从不说大话、空话。能亲自试药，也正是习惯使然。

正是因为他的严谨、认真、扎实，才在短短十几年里，研究出一种新药来。

屠呦呦在研发青蒿素新药的时候，就曾用自己做新药试验。

后来，由于在常年的试验中，长时间与有机溶媒接触，屠呦呦的肝脏受损，但她仍然没有停止研发工作，至今仍奋战在科研的第一线。

受到屠呦呦的启发，王逸平也给自己用了药。

随着各地临床观察的试验数据一组组出来，临床使用数据证明，他们研发的新药丹参多酚酸盐粉针剂完全达到安全等级。

丹参多酚酸盐粉针剂用于治疗冠心病、心绞痛等疾病时，临床疗效显著，高效、安全，质量稳定可控，被评为最具市场竞争力的医药品种。

丹参多酚酸盐粉针剂也成为我国中药现代化研究的典范。

以身试药的事情过去好些天后，同事们才知道，王逸平把自己当成了小白鼠，亲自试药。

"逸平老师，您不应该这样，太危险了。"

"就是就是，不能这样做。"同事们都吓坏了。

"这有什么，当年屠呦呦老师研发青蒿素的时候，也是自己上了试验用药，我们科研者研发的新药自己不敢用，还怎么敢给患者使用？"王逸平微微笑着，丝毫不介意把自己当成"小白鼠"。

"是啊，呦呦老师当年也自己试药了。"

"好像是这样呢，咱们做药的，自己做的药自己都不敢试，就说明咱们不自信。"提起呦呦老师，这位医学研究界德高望重的前辈，同事们心悦诚服。

看到同事们都理解了他，王逸平开心地笑了："对，这药只有自己用过才知道疗效好不好、安不安全，否则我没有信心把新药推到市场，推给患者。"

试验新药进入到最后的阶段时，妻子方洁无意中得知，好久没有回家的王逸平竟然用自己的身体试验新药，她几乎要崩溃了。

方洁再也忍不住了，愤愤地赶到药物所找王逸平"算账"。

怪不得王逸平这么长时间不回家，原来他是拿自己当小白鼠了。

就在药物所科研楼通往食堂的路上，方洁见到那棵桂花树下和同事立身长谈的王逸平。

"王逸平！"方洁的声音里含着愤怒。

"方洁？你怎么来了？"听到妻子叫他，王逸平回过头来，看着她，微微笑着。

观察临床用药试药的这段时间，他快有两个多月没有回家了，见到方洁，心里不免有些惭愧。

"我再不来的话，你是不是准备把自己喂小白鼠了。"方洁瞪着王逸平，这个家伙，他竟然还能笑得出来。

"方洁，我们研发的新药通过最后的动物和临床试验了。"王逸平看得出方洁满面愠怒，赶紧笑着迎了上去，把试验成功的好消息告诉她。

看着人到了面前，再看看他脸上的微笑，方洁的心里早已痛得难以呼吸。她咬着嘴唇，满心的愤怒，在一瞬间竟然被他嘴角的那一丝微笑打败了："是吗，通过动物试验了？"

这个可恨的王逸平，他嘴里最后的动物试验就是他自己，他真的是把自己的命全部押在实验上了。

算了，我还说他干什么？看到王逸平满脸的疲惫和越发消瘦的身体，方洁无比心疼。一腔怒火的方洁本来是想来算账的，一路上在心里打转的那些话，只好生生咽了回去。

方洁咬着牙，看着面前瘦得脱了相的王逸平，眼泪还是没忍住，吧嗒吧嗒地掉了下来。

"你……方洁……你怎么哭了？"王逸平被满脸是泪的妻子吓了一跳，赶紧走上前来，拉着她的手问道，"你怎么了？"

"没……没什么，你们的实验终于成功了，我……我替你们高兴。"作为妻子，她理解丈夫：

时不我待，要给自己人生一个完美的交代，为了人生的梦想，他什么都不在乎。

"方洁，你闻闻，桂花开了。"王逸平看着方洁的眼睛，轻轻地拍了拍她的背。

"嗯，闻到了，好香。"方洁强忍着眼里的泪，看着落在王逸平肩头上的几朵金色的花儿。她有好久没有看到王逸平笑得这么开心了，他人生的梦想终于实现了，这下，他应该可以安心治病了。

"放心吧，我没事。"王逸平知道方洁担心什么，他微微笑了笑，低声安慰妻子。

方洁的眼睛里泪花在打转，她伸手从他肩上捏起那两朵桂花："花落了。"

"有花开就有花落，香吗？"王逸平避重就轻，他不想让方洁不开心。

"嗯，香。"方洁知道王逸平在糊弄她，可她却不能生气，因为她知道，王逸平在强忍着疼痛坚持工作，她不能成为他最后战斗的绊脚石。

记得王逸平刚确诊克罗恩病时，她强拉着他去医院治疗，遇到了一位70多岁的老人，也是得了同样的病，但是每天在家里静养，30多年过去了，仍然活得好好的。

那时，方洁看着王逸平说："看，咱们不用怕，只要你注意休息、调养，你也会和这位老人一样。"

每天待在家里，小心翼翼，只为了多活些年头？这样的人生有什么意义？

人活着，总要有点追求，有点梦想。王逸平摇了摇头，这不是他要的人生。

"小伙子，你要注意了，一定要每天休息好、睡好、吃好，记住，千万不要累着，更不能冻着。咱们这病，说实话就是要注意保养，你看，查出这病有30多年了，我老人家不是活得好好的吗？"老人用过来人的口吻语重心长地劝告王逸平。

"如果能研发出治疗心脑血管病的新药来，我少活几年也无所谓。"王逸平心里暗自盘算着，平静地笑了笑……

想到这里，方洁红着眼睛，心里有千言万语，却说不出来。

这个"药痴"，心里只有药，只有病人，什么时候他的心里才能有他自己？

　　方洁又心疼，又气愤。那爱和恨纠结在喉咙里，只能化作苦涩的泪，咽了下去。

06

生命的极限

2005 年，丹参多酚酸盐粉针剂通过了临床试用之后，获得了我国新药证书和生产批文。

2009 年，丹参多酚酸盐粉针剂列入《国家医保目录》，成为治疗冠心病、心绞痛的首选用药。

国际权威杂志《自然·生物技术》上，专家认为此药的研发成功，代表着中国的生物医药产业，可以通过对具有悠久临床应用历史的传统中药进行化学成分的深入研究来开发创新药物，是新药研发的里程碑。

王逸平曾有一个梦想：他研发的新药，要让全球医生在开处方时，第一个想到它。

今天，他带领的药物研发小组终于实现了这个梦想。

没错，他们做到了，他们创造了奇迹。他们将造福数千万人，这是整个人类医药史的一大进步。

什么样的药能当得起"第一处方药"的称号？用途不断有新发现的阿司匹林、治疗糖尿病的二甲双胍、抗疟神药青蒿素——从现代药物诞生起，人类研发的这样的药不过几十种。

虽然已经取得了极大的成功，王逸平并没有停止研发的步伐——他继续投入到了抗心律失常的新药硫酸舒欣啶的研究之中。

王逸平有一个习惯坚持了许多年，那就是每天要写笔记。

他的笔记除了记录每天的实验进程，还有一个本子是他的病历。他每天在研发新药的时候，还要给自己治病，而他把每天的治疗情况都记了下来。

一个普通人也可能久病成医，更何况一个从事医药研究的科学家。

王逸平很清晰地记录着自己身体每天的病理变化，自己的用药情况。

25 年来，他忍受着常人难以忍受的痛苦，争分夺秒把治疗冠心病的新药研发出来。

在这 25 年里，他虽然不能研发治疗克罗恩病的药物，却把自己的病症情况完整地记录了下来，成为日后供其他科学家研究的一手病历资料。

他手写的"克罗恩病程记录"中，清晰地记载了自己每次发病的过程。

他要把自己的病历记录下来，为克罗恩病的治疗留下有效的数据和可供科学家参考的观察日记。

1993 年上半年，腹痛的情况逐渐加重，每天会有将近 10 次的痉挛性腹痛，每次持续 1 分钟左右。

1993 年 9 月 22 日，硬膜外麻醉，剖腹探查。手术结果末端回肠切除 80 厘米，升结肠切除 20 厘米，病理诊断为回盲部克罗恩病。

2010 年 6 月 20 日下午有血尿，晚间腰酸腹痛。用热水泡浴，一日 4 至 5 次，腹痛至 23 日缓解。

2011 年 9 月 19 日下午，再次出血，暗红色水样便，伴呕吐。人无法直立行走，需平躺。

2018 年 3 月 26 日，今年以来上腹部间歇性疼痛时有出现，中午餐后经常会出现痉挛性疼痛，腰部不适。脸部轻度浮肿。

……

这就是一位常年战斗在实验室里的科学家的疾病观察日记。在他的心里，实验是第一位的，而他自己的身体，却完全被忽视。如果不是因为经常性的疼痛提醒他，他都不会想起自己是一个患有不治之症的病人。

有谁会知道，一位给成千上万人研发新药的科学家，竟然这么无视自己的病情……

每次从实验室走出来，都已是深夜，他行走在苍茫夜色中，顾不得仰望星空，撑着病体赶回家中。

实验进行到最关键阶段，如果实在太晚，他便在办公室沙发上凑合。

实验时，疼得厉害，他便悄悄回到办公室，自己吃药打针。即使这样，他仍然坚持工作。除了家人和个别同事，很少有人知道他的病。

再后来，病痛发作得越来越厉害，越来越频繁，他便不敢回家，一是怕让妻子跟着担心，二是怕来回浪费时间。他索性长住在办公室里。

多少个深夜，疼痛使他难以入眠，他便放上最喜欢的那首《友谊地久天长》。

轻柔的歌声在耳边回荡，分散着他的注意力，疼痛仿佛也有所缓解。这样，他才能慢慢入睡。

方洁见他老不回家，不放心，打来电话："逸平，你的身体怎么样？最近好吗？实验顺利吗？"

"方洁，我没事，你放心吧。这几天实验太紧张了，我离不开，等忙完了再回去。"

"那好吧，你要注意身体。药吃完了吗？我再给你送过去。"方洁知道王逸平的个性，一向报喜不报忧，就算再疼，他也不会说出来。

"不用，不用，前些天我去医院，又拿了一些药，还有的。"王逸平不敢让方洁来，他不想妻子看到他现在满脸浮肿的样子。

"实验再紧张，你该去医院看病还得去。我前天打电话问刘医生，他说你的身体状况越来越糟糕，你能不能对自己好一点？"方洁担心极了。

"我挺好的，方洁，别担心，忙完这个项目我就去。"

"项目，项目，你总这样说。这个项目忙完了，还有下一个项目，什么时候有完？"

"真的，我明后天就去找刘医生，放心吧。"

王逸平一边哄着方洁，一边挂断电话。他累极了，为了给这个世界多留下一个好药，他哪里顾得上自己，他哪里有时间去顾及自己的身体和病痛。他的实验不能停，一天也不行，他需要时间。

新药终于成功上市了。

丹参多酚酸盐粉针剂上市后，2000多万病人有了救命的新药用，按说，像许多人认为的那样，王逸平可以功成身退了。

方洁更是盼望着王逸平能够抓紧时间回家，

安心休养治疗。

可是，王逸平没有听妻子的话。完成丹参多酚酸盐粉针剂的研发，他又踏上了别的新药研发的征程。

方洁很绝望，跑到药物所把王逸平拉回了家，不准他再回去，逼他立即去住院治疗。

她知道，王逸平的病情快要控制不住了。她也是学医的人，知道王逸平这样放任病情的发展，对他自己意味着什么。这次，她坚决不放王逸平，拉他去住院治病。

王逸平急了，拍着桌子发了脾气："方洁，你明知道这个病没有特效药。我去躺在医院里，也只是干等着。你不知道我的时间有多么宝贵吗？我现在是研发新药的黄金年龄，你真的决定让我积累了一辈子的经验和知识就这么躺在病床上荒废了吗？"

"不，不是这样。我想，你保养好，至少你能减轻疼痛，缓解病情。"方洁打定主意，无论这次王逸平说什么，也要让他去住院。

"方洁，求你了，我不想躺在病床上什么也不做，你让我的每一分钟活得更有意义点吧。你知道，只有工作的时候，我才会忘记病痛。"王逸平咬了咬牙，强忍着疼痛，他的身体因为疼痛还在抽搐。

疼痛中，王逸平想到了患癌离开他的母亲。母亲的病，他治不了，他无能为力。

那老年痴呆的父亲临终前只认得他，因为，父亲说过，他——阿平是父母一生的骄傲。

他的母亲走了，紧接着，他的父亲也离开了这个世界……

王逸平知道，他在这个世界上的日子也不多了。

"逸平，你又痛起来了是吗？"方洁看出王逸平在暗暗忍着疼痛，她心如刀绞。

"没事，没事，你只要让我回去工作就好。求你了，方洁，我不想去住院，躺在病床上会让我度日如年的。"王逸平摇了摇手，擦了一把额头上的虚汗。

"好吧，听你的，都听你的，我不逼你了。"方洁被王逸平吓住了。

"方洁，现在是我研发药物的最好年龄，如果老天爷再给我十几年，我还能再研发出几种新药来。"听到方洁不再逼自己去住院，王逸平微笑着，安慰方洁。

"我不要什么新药，我只要你好好的，逸平。"方洁给王逸平拿来药，"快，快吃药。"

"世界上有几千万的病人需要我们的药，方洁，你别担心，你看，这都二十多年了，我不是一直好好的吗？"王逸平尽量给方洁宽心，无论他现在多不舒服，他都暗自咬牙忍着，不让方洁看出来。

"好吧，只要你答应我多注意身体就行。"方洁知道即使自己不同意，也无法阻止王逸平继续工作，她只好放弃了。

就这样，王逸平又哄过了方洁，投入到了抗心律失常 1 类新药"硫酸舒欣啶"的药理学研究中。

2018 年初，王逸平他们研发的硫酸舒欣啶被列为国家科技部"十五"重大专项"创新药物和中药现代化"项目，获得中国、美国、英国、法国等国家的发明专利授权，完成了二期临床试验。

在王逸平的办公桌上，2018 年的记事本上，完整地记录着硫酸舒欣啶一期临床试验补充计划：40 名志愿者，分为 5 个剂量组，观察安全性与耐受性……计划 2018 年 6 月完成第一阶段，12 月开始第二阶段……

与此同时，王逸平领导团队构建的一套完整的心血管药物研发平台体系也已上线，还为全国药物研发企业完成了 50 多个新药项目的临床前药效学评价，为我国医药企业科技创新提供了强有力的技术支撑。

在每一次总结大会上，王逸平总是感谢自己的合作团队。他说，在药物研发的战场上，没有孤胆英雄。正是因为有这样一个伟大的团队，才有了中国药物研究的一次又一次伟大的突破。

王逸平谦逊地说，正是有了团队作为坚强后盾，他的梦想才得以实现。

他就是这样一个人，从来不提自己。

在药物所，在张江，在上海，在全中国，还有着许许多多这样伟大的科研工作者，他们默默地干着惊天动地的事，做着隐姓埋名的人。

他们，是我们国家真正的国之重器、国之脊梁。

07

使命高于一切

2018 年初，王逸平的病越发严重了，激素类药物治疗已经失去效果。

药物所党委副书记厉骏得知了王逸平的病情，悄悄劝他马上改用生物制剂，可是王逸平不肯，因为那是最后的屏障，一旦对生物制剂也产生耐药性，他的病就真的无药可救了。

在病痛面前，王逸平选择加倍量服用激素类药物。他想为自己再多争取一些时间，把手头的两个新药做出来。

妻子方洁知道王逸平把自己的使命看得高于一切，便不再劝他放弃实验，只是提醒他注意休息。

可是，王逸平留给家人的时间太少了，他把所有的时间都放在实验室里。

方洁悄悄看着王逸平注射的那些激素类药，只能默默地落泪，待看到楼下匆匆从实验室里走出来的王逸平，她又赶紧擦干眼泪，微笑着迎接他。

丹参多酚酸盐粉针剂研发成功上市后，因临床药效安全可靠，得到全世界医患的认可。

当全球医院的临床效果数据传来时，王逸平没有时间庆功，也没有时间去参加各种颁奖典礼、出席各种活动，更没有时间躺到病床上去治病，而是拖着病躯，又投入到另一场战斗中。

他要争分夺秒和死神战斗，他不想浪费宝贵的时间，他要争取多研发出一种新药来，留给这个世界，让人类不再受死神的折磨。他心里装着整个世界，却唯独没有他自己。

"哥，你能不能听话点，难道你真的不要命了吗？"看到哥哥这么拼，听嫂子说劝不了哥哥住院时，弟弟王国平再也忍不住了，跑来拉王逸平去住院治病。

"国平，别闹，我自己的病我自己知道该怎么做，总有那么一天的，你知道的。"王逸平淡淡地看着弟弟，眼睛平静如水，他早已看淡了生死。

王国平呆住了，他没有想到，哥哥竟然会直截了当地说出来。他呆呆地看着哥哥，忍不住泪水夺眶而出。

爸爸去世了，妈妈去世了，现在，在这个世界上只有哥哥一个亲人了，如果哥哥再离他而去，他就是孤零零一个人了。

"哥，求你了，去看看病吧，就算治不好，也可以多活几年，好不好？"王国平哭了，他扯着哥哥王逸平的胳膊不撒手。是，他知道，哥哥这病是没救了，可是，他不想让他这么早离开他，他要他多活几年，多活几年也行。

"不，国平，别浪费我的时间，我要多研发几种新药，我可以研发出更多的新药来，让别人活下去。"

"我不管别人，哥，你是不是傻啊，你为什么只管别人，不管自己？"

"国平，你也是学医的，这是我们医学科研者的使命，正是有了我们，我们人类的生命才有越来越多的可能掌握在我们自己手中。说实话，我的时间不多了，我可不想躺在病床上浪费时间，那样，我连觉也睡不着。你不知道，我们还有几种新药数据刚刚出来。我是课题组长，我不能拖后腿。这是国家的重点项目，还有成千上万的病人在等着新药来救命。"王逸平打断弟弟的话，拍了拍他的肩膀，轻松地笑道，"好了，国平，放心吧，我没事。"

长兄如父，国平知道，自己跟嫂子方洁一样，根本改变不了固执的哥哥，只好抹着泪离开了哥哥的办公室。

哥哥是为了医药研发而生，谁也不能改变他的主意。

方洁接了国平的电话，听他说，没有劝动哥哥放下工作去休养。她默默放下电话，泣不成声。

家人们知道，为了新药，王逸平真的放弃了自己。

王逸平没有时间跟家人过多解释，对他来说，

"休息"这两个字无疑是在浪费他的生命。

妻子方洁从来不敢奢望王逸平能像常人一般，陪着她一起去逛个街、看个电影、买个菜、周游祖国大好河山。

和王逸平一样从医的她知道，王逸平的时间都是按分按秒来计算的。在实验室里，每一组数据的产生、比对，试验药效，都是计时的，如同他的余生一样，都在进行着倒计时。

是啊，王逸平几乎没有陪妻子女儿出门旅游过，对他来说，他的时间每一分钟都是那么宝贵，哪能用在休闲游玩上。

他连自己的病都不舍得浪费时间来治疗，更不用说旅游了。

2018年5月11日，是王逸平女儿辰辰大学毕业的日子。妻子准备订去美国参加毕业典礼的机票，她说："女儿在国外读书四年了，她很多同学的父母都去探望过，而我们却从来没有去过。"

"我得看看，不知道能不能走得开。"王逸平心里还是放不下正在进行的科研项目。

"逸平，辰辰打了好几次电话来问了，她说

别人的父母都要去的。"方洁看着王逸平瘦削的脸庞，不忍埋怨他。

"到时候看看情况，如果能走得开的话，我就去吧。"王逸平仍然没有确定下来。

方洁有些生气，看着王逸平的脸色，张了张嘴，到嘴边的话又咽了回去。她知道，在王逸平的心里，只有新药研发，女儿的事，不过是一场毕业典礼而已，算不得什么大事。

离毕业还有两个多月了，辰辰一直没有听到爸爸妈妈确定要来美国的消息。她急了，忍不住给王逸平打了越洋电话："爸爸，你不来参加我的毕业典礼吗？"

对女儿来说，毕业典礼是她一生中的大事。王逸平无奈地笑了笑："辰辰，我手头的实验正在关键的时候，怕走不开，如果能走得开，我会去的。"

"爸爸，求你了，你一定要和妈妈来，别人的爸爸妈妈都要来的。我在外面这么多年，你们从来没来过，我好想你们。"辰辰听到王逸平又在说实验走不开，在电话那头委屈得哭了。

王逸平怎么能不想女儿啊？他也想女儿，那

哭声从电话那头穿越大洋传到王逸平耳中，显得特别悲凉。

孩子一个人在国外求学，他这个做父亲的却总是没有时间关心她……唉，真是对不起女儿啊。

"辰辰，我和妈妈也想你。我们去，你别哭了，我一定想办法，抽出几天时间去参加你的毕业典礼。"王逸平终于妥协了，这是他人生中仅有的一次妥协。

女儿孤独的哭泣让他觉得愧疚，这么小的孩子，思亲想家的时候，却只能孤独地面对，不能埋在亲人的怀抱里撒娇，他欠孩子太多了。

"真的吗？爸爸，太好了！你终于答应了，太好了，爸爸，谢谢你！安娜，知道吗？我爸爸妈妈也要来参加我的毕业典礼了！"女儿在电话那头不住地感谢，开心得又哭又笑，似乎这是天大的恩赐。

王逸平舍不得放下电话，听着女儿在电话那头欢欣雀跃，心里越发难过、愧疚。他欠女儿太多了，别人的父母也许会经常陪在孩子身边，会不时打个电话问一下生活学习，而他，却连电话也很少打；去参加毕业典礼，还是女儿打来电话再三恳求……

"真的？你真的会去吗？"一旁的方洁看着王逸平，有些难以置信，"你可别到时候又走不开，那样孩子会更伤心的。"

"去，我去参加辰辰的毕业典礼。"王逸平不敢看方洁。对妻子，他心里更加愧疚，是啊，女儿的事，一向是方洁操心，他顾不上家里的一切。无论家里出了什么事，都是妻子一个人在操持、承担。

"你能去，太好了！你不知道，辰辰有多么盼望着我们一起去。这孩子，平常不多说，就这事，却给我偷偷打了好多次电话，一次次地问。"

"我一定想办法抽出几天来，放心吧。"王逸平一边说着，一边站起身来，去寻找止痛药，他的身体又痛了。

起身的时候，王逸平的身体晃了晃，没站稳，差点摔倒在地。

一旁的妻子被他吓了一跳，眼疾手快搀住了

他："逸平，你没事吧？"

"没事，放心吧。我有点不太舒服，找点药吃。"

"你别动，我去给你找。"方洁看着王逸平苍白的脸色，心里乱成一团。

今年，王逸平的病发作得越发厉害。方洁到茶几上找了药来，端了一杯温水递给王逸平："快，快吃上。"

"嗯。"

"去医院吧，逸平。"方洁眼里闪着泪，慌乱地看着王逸平。

"不，明天的实验还要我来主持。方洁，别担心，我没事。这病，也不是一天两天了，你知道的，去了医院也没有很好的药和治疗办法。"王逸平不想去。

"怎么没办法，那也比你这样折腾糟蹋身体好。"方洁又气又恨。

"唉，你也是学医的，难道不知道对克罗恩病来说，去医院既浪费时间又浪费医疗资源吗？"王逸平装作一副漫不经心的样子，开导方洁。

"胡说，那怎么是浪费了？"

"方洁，你还是让我去实验室吧，只有工作起来，我才会忘记病痛。"王逸平摇了摇头。

"你，你随便吧，我管不了你。你就是一个傻瓜，眼里没有自己，没有家人，只有实验，只有药。我从来不求你为家人做什么，难道你就不能——不能为自己考虑考虑吗？"方洁低下头来暗自垂泪，她拿王逸平没办法，这个眼里只有实验和新药、拿自己的生命都不当回事的人，她又能怎么办呢？

"方洁，别担心，你别忘了，我也是一个医生，能照顾好自己。你看，我能自己吃药、给自己打针。二十多年了，我这不挺好的吗？"王逸平装作若无其事的样子，轻描淡写地说。

"对，你是医生，你为了节省时间工作，把该去医院治病的时间都省出来，自己给自己看病。可是，王逸平，你能不能对自己好一点？"一提起自己给自己打针吃药这事来，方洁更是气不打一处来。

"好，我答应你，对自己好一点。"

"你就知道糊弄我，王逸平，你这样累死了，谁会记得？"愤怒的方洁给气糊涂了，这十几年来，同为医生的她一直很小心，从不在王逸平面前说一个"死"字，今天，她真是崩溃了。

王逸平愣了一下，看着妻子，幽幽地回了一句："在这个地球上，有2000多万人的心脏在为我跳动，他们会记得我的。"

"你……"方洁说不出话来。

王逸平陷入了沉思之中，说起死，得了这个病后的他何尝没想过死。这二十几年来，他把死神踩在了脚下，抢在死神到来之前，完成了自己的梦想，研发出了丹参多酚酸盐粉针剂。他胜利了，他不怕死神。

方洁话一出口，立即后悔了。她咬着嘴唇，眼里含着泪，后悔自己一时情急，口不择言。

王逸平上前拉住了方洁的手。

"逸平，我怕你……"

"方洁，别怕。"

方洁拿王逸平没有办法，又气又恨，千言万语堵在心头，却又说不出来。

说出来，又有什么用呢？

王逸平吃过药，去床上躺下。

躺在床上，王逸平心里突然闪过一丝慌乱：他的病越发严重，他是应该去看看女儿的。只是……不知道，老天爷给他的时间还有多少？

他的实验怎么办？还有新药怎么办？王逸平纠结着，他放心不下，他在计算着去美国的时间，会不会耽误实验的进程。

可是，答应女儿了，就去吧，他也想女儿了，还是想办法抽出空来，去一趟吧。

女儿毕业的日子越来越近了。

方洁忙碌着，准备去美国的手续，办理签证，准备女儿爱吃的东西："这是辰辰爱吃的葡萄干、牛肉干，我多给她带一点，美国那边的饮食辰辰一直不习惯。"

"嗯，她爱吃大白兔奶糖，也给她带一包。"王逸平看着方洁喜形于色的样子，笑着来了一句。

"什么呀，辰辰都二十多了，你还把她当成五六岁爱吃糖的小姑娘啊。她现在减肥，保持身材，早就不吃糖了。"

"小馋猫不吃糖了？这是什么时候的事情？"

王逸平愣了愣，是啊，女儿大了，这么多年了，他怎么还想着她小时候的样子呢。

"你都多少年不管她了，从她上中学，你接送过几次？算了，你眼里啊，只有实验，只有新药研发，你陪我和女儿的时间，都不如你在实验室里和小白鼠待的时间长。"方洁嘲笑王逸平。

"辰辰上小学的时候，我还经常去接送的。这些年，不是工作紧张吗？"王逸平有些不好意思，摸着头，自我解嘲道，"这一转眼，姑娘大了，不吃糖了。"

"早就不吃了，你这个当爸爸的……唉，算了，不说你了。只要你把时间安排好，拿出几天来补偿一下欠辰辰这十几年的陪伴就行了。"

"好，补偿她，我一定去参加毕业典礼。几天时间，我一定抽出来。"

方洁白了一眼王逸平："我机票都订好了，你可不能给我反悔。王逸平，这可是你'将功补过'的机会。否则，女儿会怨你一辈子。"

方洁知道王逸平的时间有多紧张，连自己看病的时间都要省下来做实验，自己给自己打针吃药。能抽出几天去参加毕业典礼，已经是 20 多年来屈指可数的事情了。

"机票都订了，我可不能浪费这钱。放心吧，一定去，我可不想让辰辰怨我一辈子。"

好久没有见到女儿了，王逸平决心给自己放几天假，弥补一下女儿。他也想念远在大洋彼岸的女儿，他好想跟女儿一起度过一段美好的时光。

在他的人生里，他确实亏欠女儿太多太多了。

好在女儿辰辰懂事得很，出国以后，从来不让他操心。

谁知，4 月 11 日，王逸平倒在了工作岗位上。

他再一次和女儿、妻子失约了。

王逸平离开了这个世界，他为这个世界奉献了自己的一切，他无愧于这个世界。2000 多万人因他研发的药而重获新生，而他，却奉献出了自己的生命。

女儿辰辰曾经也很不理解自己的父亲，不明白为什么别人的爸爸总是陪在身边，而她的爸爸却总是缺席她的成长。

辰辰回国后，悄悄读着爸爸研发的新药的说

明："注射用丹参多酚酸盐，活血、化瘀、通脉。用于临床急性的冠心病稳定型心绞痛，分级为Ⅰ、Ⅱ级，心绞痛症状表现为轻、中度，中医辨证为心血瘀阻者，症见胸痛、胸闷、心悸。在临床使用中，疗效快，能够迅速控制病情。强效，可用于急症救命。"

"妈妈，这就是爸爸他们研发的新药？"

"是的。"

"有许多人用吗？"

"嗯，有2000多万人吧。"方洁轻轻地点点头。

"我一直觉得爸爸忙，家长会从不参加，可是，今天，我知道了，我的爸爸好伟大。"辰辰擦着泪，眼睛里闪着激动的光芒。看到这药在临床治疗中的广泛使用，她终于明白了父亲生命的伟大意义，更明白了自己的父亲有多么了不起。

"辰辰，别怪你爸爸，虽然他没有像别人的爸爸那样，时时陪在你身边，却为这个世界和人类留下了宝贵的救命药。"方洁给辰辰解释，她不想女儿对她父亲存有怨念。

"我懂，妈妈，我不怪爸爸。"辰辰点了点头，爸爸永远离开了，她怎么会去埋怨他呢。

在这个世界上，爸爸为几千万人带来了生的希望，有几千万人的生命得以延续，那些人的新生，就是爸爸为之奋斗的梦想。

辰辰抹着眼泪，她的爸爸不只属于她一个人，她的爸爸属于整个世界，她为这样的爸爸骄傲、自豪。

也许没有多少人知道他的名字——即使是那些正在使用注射用丹参多酚酸盐救命的2000多万病人，他们也不知道，这个小小的药瓶的后面，那个幕后的英雄，那个拖着病躯在实验室里奋战了20多个春夏秋冬的科学家，是怎么耗尽他一生的热血和生命的。

说起来，就连许多临床的医护人员也不知道这新药后面的故事。当心脏病人寻找救命药的时候，他们说，现在我国有了一种新药，注射用丹参多酚酸盐，疗效最快。

王逸平离开了，他无愧于这个世界，他是真正的新时代的"药神"。

这就是拯救数千万人生命的英雄，这就是他伟大而又短暂的一生。

　　送别王逸平那天，晚霞染红了天空。

给女儿的一封信

亲爱的辰辰：

　　自从你诞生在我们这个家庭的那一刻起，你就时刻牵动着爸妈的心。应该说，我们是有缘的、是幸福的，因为有了你，我们的家里充满了幸福、欢乐和希望。你是幸运的，因为你拥有用全部身心去关爱你的父母。

　　从你开始学步一直到今天，已走过了14个年头，你已成长为一名上外附中的初中生，你已经懂得了很多的道理，你也知道关心他人了。我们知道，你有爱心，会很热心地去帮助周围的人，助人为乐是一种美德，爸妈很为你骄傲和自豪。

　　辰辰，我们希望你做一个踏实的人。不要轻

视平凡的事，不要投机取巧，不要苛求自己去做做不到的事。用一颗善人善己之心，去对待身边的人和事。要有一种坚韧的毅力和不断上进、持之以恒的精神，不向困难低头。遇事要胜不骄、败不馁，要有一种平和的心态，只有这样，才能从容面对纷繁复杂的世界。你会一年年地长大，你会发现自己身上有许多你没有意识到的缺点，但你要正视它们。不要躲避，要一点点加以改正，战胜自己比征服他人更要艰巨。孩子，要切记：做事容易，做人难。人生会经历许多坎坷，你一定要一步一个脚印地走好人生的每一步。

我们希望你能健康地生活着。生命在于运动！你要自觉地坚持运动，要养成良好的卫生习惯和科学的生活习惯。要知道，健康的体魄才是生存的根本，才是实现人生奋斗目标的保证。

在做人方面，爸妈希望你要逐渐培养一种责任感，不要总是想着别人应该为你做些什么，而是想着能为别人做些什么。自己的事情要自己做，没有责任感的人难以成就大事，也不会拥有真正的朋友，更难以被社会所认同。责任感体现在家里、学校、社会生活中的方方面面。

你要学会与人沟通，与父母沟通会加深亲情，与老师沟通会明晓事理，与同学沟通会增进友谊，与外界沟通会更好地了解社会。良好的沟通能使你消除心中的郁结，良好的沟通会使你感受到生活的美好。

平时，爸妈对你很严格，经常唠唠叨叨，对你管头管脚，会让你感觉不舒服。有时，也许会对你发脾气，但我们希望你知道，这都是为了你好。你要懂得珍惜感情，要有一颗感恩的心，感恩父母的关爱，感恩老师的教诲，感恩同学的友情，感恩社会的帮助。要爱自己和爱他人，要懂自己和懂他人。要知道，爱是无私的，如果说爱是要求回报的话，那也只是希望你是一个健全的人、一个学有所成的人、一个富有感恩之心的人、一个对社会有用的人，你的健康成长就是对给予你爱的父母、老师、同学、社会的最好的回报。你的成长过程中取得的每一点成绩和进步，都是你努力的结果，同时也凝结着父母、老师的教诲和同学的关爱。

爸妈希望你成为一个全面发展的人，健康、快乐成长每一天！

爸爸王逸平、妈妈方洁

2010 年 5 月 11 日

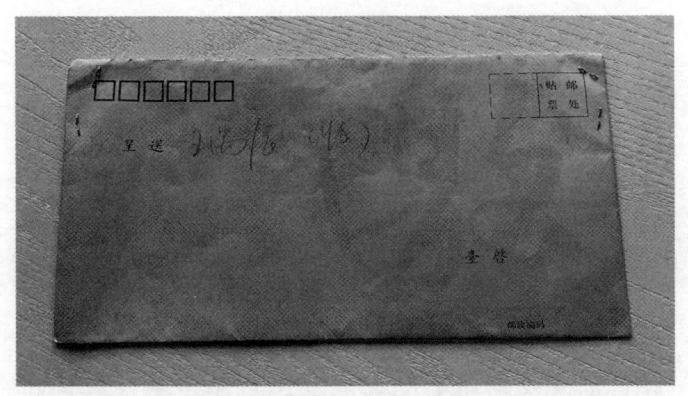

后记

接了海豚出版社的邀约，他们策划了一套"时代楷模"的选题，跟我联系的时候，我选了写王逸平老师的事迹。因为我父亲是一位心脏病人，而王逸平老师研发的新药——丹参多酚酸盐粉针剂正是救我父亲性命的新药。

虽然我对医学研究领域知之甚少，可是我仍然想做点什么，以表示内心的感激。于是，便有了这本书。

我想，有太多的人不了解我们的科学家，对他们的生活和工作情况，我们一无所知。

当我联系到并采访了王逸平老师的家人，慢慢走进了科学家的生活和工作中，才知道像王逸平老师一样的科学家们为了这个世界付出了自己的一生。他们埋头于实验室，放弃了外面多彩多姿的生活。没有人能够体会到一生只有实验、只有瓶瓶罐罐的生活是什么滋味。在他们的生命里，每天所面对的，只有冰冷的实验器材和枯燥的数据。每天，他们都在和死神战斗。当他们战胜死神，破译了死神的密码，给人类和这个世界带来一次又一次的生机时，我们才知道，原来，在我们的生命中，有这样一些伟大的人，他们在背后默默地负重前行，让我们享受到人生的快乐；而他们自己，却为这个世界更美好，付出了一切，甚至是生命。

我这本书，从我们的传统文化——中医开始写起，希望我们能够重温中华民族几千年的历史中那些伟大的名字，是他们让我们人类存活到今天，繁衍生息。他们是我们人类医学文明进程中的一座座丰碑，是他们让我们伟大的国粹中医药得以传承，并发扬光大，走向世界。他们是我们人类历史长河中的明灯，他们的光芒，照亮了黑暗的路，让人类走得更远。

感谢这些伟大的科学家，是他们，让我们人类的医学事业一步步前进，让我们人类逐步主宰自己的生命。正是有了王逸平这样的科学家，才有了我们美好祥和的明天。

岁月更替，唯有他们，让世界永远怀念。

"我对楷模有话说"主题征文活动

亲爱的同学，阅读完这本"时代楷模"的故事，你是不是有些感动，心里是不是有很多话想向时代楷模说？

你可以将你的所思所想所感写下来，发给我们。你对楷模说的话，可能会亲自送到楷模手中，你会收到楷模的回信；你还可能受邀与楷模见面交流哦！优秀的作品，我们还会专门结集成册出版。

参加"我对楷模有话说"主题征文活动，请阅读以下详情：

一、参与方式：

1. 活动本着"自愿参加"的原则，不收取任何费用。

2. 活动面向全国四年级（含四年级）以上在校小学生，可个人参加，也可以学校、区、市、省为单位统一组织参加。

3. 征文活动的通知、作品提交、获奖名单公布等相关信息动态均在主办方海豚出版社的官网及微信公众号上发布。

4. 所有征文作品一经提交，即视为作者同意主办方对作品有编辑、修改、出版、发行等权利。优秀作品将在相关网站或平台上推送，或选编出版。

二、征文征集时间：

本征文活动长期有效，每年评选一批优质作品。活动截稿时间为每年 12 月 31 日，评选结果将于次年 3 月发布。

三、征文要求：

1. 题目自拟，紧扣主题，思想、态度积极向上。

2. 角度新颖，语句通顺，内容贴近生活，表达真情实感。

3. 体裁不限，记叙文、日记、书信、读后感、诗歌、童话等皆可。

4. 字数要求：四、五、六年级组字数分别不少于 400 字、500 字和 600 字。

5. 内容必须为原创，不得抄袭，一经发现即取消参评资格。

6. 文后请附："省 + 市 + 区县 + 学校 + 年级 + 姓名"及联系方式。

例：江苏省 ** 市 ** 区 ** 学校四年级一班 孙苗苗

联系方式：电子邮箱、手机号

7. 征文以电子版 word 文档的形式发到邮箱 sdkmzhengwen@dolphinbooks.cn，邮件主题写明"学校 + 年级 + 姓名"。

四、优秀征文评选办法：

1. 征文评比按不同年级分组别进行，主办方组织评选委员会进行评选，分年级组评选出一、二、三等奖及优秀奖。获奖参考比例：一等奖为 1%，二等奖为 3%，三等奖为 5%，优秀奖为 8%。

获奖学生除获得由主办方颁发的荣誉证书外，还将获得以下奖励：一等奖，价值 1000 元的奖品；二等奖，价值 500 元的奖品；三等奖，价值 200 元的奖品。

2. 以学校、区市省为单位统一组织参加主题征文活动的学校和单位，根据具体情况评选优秀组织奖，颁发"学习楷模先进单位"荣誉证书。

（本活动最终解释权归海豚出版社所有）